Mystische Steiermark

Karin El-Monir · Olivia de Fontana · Toni Anzenberger

Verborgenes Erbe · Heilende Wasser
Dunkle Welten

:STYRIA

ISBN-10: 3-222-13213-5
ISBN-13: 978-3-222-13213-1

www.styriaverlag.at

Umschlaggestaltung: Bruno Wegscheider
Buchgestaltung: Andrea Malek, malanda-Buchdesign, Graz
Reproduktion: Digitalstudio Rypka, Graz
Druck und Bindung: Druckerei Theiss GmbH., St. Stefan im Lavanttal
Printed in Austria

Inhalt

Vorwort

Mystische Steiermark. Mythische Steiermark. Sagenhafte Steiermark. All diese Titel würden wohl auf den Umschlag des vorliegenden Buches passen, sie alle erfassen jedoch jeweils nur einen Aspekt der Themen, denen wir, die Autorinnen, uns gewidmet haben.

Die Orte, die hier beschrieben sind, zeichnen sich vor allem durch ihre Verschiedenheit aus; doch es gibt auch etwas, das sie alle verbindet. Anstatt verborgene, fast vergessene Geheimtipps zu suchen, deren Auffinden ein Problem an sich darstellt, haben wir uns entschieden, einen gänzlich anderen Weg einzuschlagen. Die Plätze, Bauwerke und Naturschätze, die hier dargestellt werden, sind größtenteils leicht auffindbar und den Menschen in der jeweiligen Region meist gut bekannt. Weniger vertraut sind jedoch manche Legenden und Sagen, die sich um die alten Orte ranken, ebenso wie deren Geschichte.

Wir wollen es unseren Leserinnen und Lesern ermöglichen, diese Orte mit anderen Augen zu sehen und damit in eine Welt einzutauchen, die sich erst bei näherer Betrachtung erschließt. Dieses Buch kann als möglicher Wegweiser auf einer Reise zu den verborgenen Wurzeln der Grünen Mark dienen.

Doch wir standen noch immer vor der Frage, wie die Auswahl erfolgen sollte. Nach welchen Prinzipien sollten wir vorgehen, die uns den Selektionsprozess erleichtern konnten? Die Steiermark ist, wie ganz Österreich, sehr reich an Geschichte und historischen wie auch mythischen Orten, sodass eine Sammlung dieser wohl 1000 Seiten füllen könnte. Während unserer Recherchen haben wir allerdings festgestellt, dass Orte und Plätze „zu uns kamen" – also regelrecht an unsere Türe klopften. Gespräche mit Menschen drehten sich plötzlich um die Sehenswürdigkeiten der Steiermark und die besonderen Erlebnisse, die für einzelne Menschen mit besonderen Plätzen verbunden waren. Wir stellten bald fest, dass sich die Art des Zuganges somit von selbst eröffnete. Wir forcierten diesen Prozess, indem wir in vielen Gesprächen und Diskussionen immer wieder um neuerliche Anregungen baten, um Materialien, Berichte oder auch Kontakte zu Personen, die einen besonderen Bezug zu speziellen Orten hatten.

Sobald wir uns entschlossen hatten, einen Ort in unsere Liste aufzunehmen, begannen wir mit der Suche nach Literatur, wobei wir sowohl die Historie, die Hintergründe als auch Sagen erforschten.

Vor allem die Legenden waren es, die uns ein Sehen mit anderen Augen ermöglichten. Ihre Motive und Symbolik gaben oft den Blick auf Aspekte frei, die uns sonst nicht zugänglich gewesen wären.

Ergänzend verwendeten wir auch bereits vorhandene Literatur, wobei vor allem die Sammlungen von Sagen und Legenden zu nennen sind, die uns eine große Hilfe waren. Um den Lesefluss möglichst ohne viele Unterbrechungen zu gestalten, haben wir uns entschlossen, die Quellenangaben im Text zum größten Teil zu unterlassen. Die drei wichtigsten Quellen sollen an dieser Stelle hervorgehoben werden: Hans von der Sann veröffentlichte im Jahr 1911 eine Sammlung steirischer Sagen; dazu kommen die „Heimathefte", die von Franz Brauner gut 40 Jahre später herausgegeben wurden. Leider ist diese Buchreihe im Handel nur mehr lückenhaft erhältlich, da einige Exemplare vergriffen sind und eine Neuauflage unseres Wissens nicht geplant ist. Wesentlich neueren Datums und noch immer zu kaufen ist das Buch „Grazer Sagen und Geschichten" von Annemarie Reiter. Wo nicht anders angegeben, stammen die genannten Sagen also aus einem dieser Werke, wobei viele Erzählungen in zwei oder sogar allen drei Quellen zu finden sind.

Drei Abschnitte sind es auch, die den Inhalt dieses Buches bilden. Diese Teilung bot sich insofern als Strukturierung an, als dass sich die Orte während unserer Materialsuche beinahe wie von selbst einem bestimmten grundlegenden Prinzip zuordnen ließen. Manche, wie beispielsweise Seen und Berge, sind Stellvertreter dafür, wie unsere Vorfahren die Gewalt und Macht der Natur erlebt haben, ihre Schönheit und ihre schöpferische, manchmal auch zerstörerische Kraft. Diesen Stätten, an denen die Natur uns ihre verschiedensten Gesichter zeigt, ist der erste Teil unseres Buches gewidmet.

Der zweite Teil beschäftigt sich mit Orten, die von Menschenhand erschaffen wurden, mit Gebäuden, Denkmälern oder deren Überresten. Hier liegt der Schwerpunkt auf der Beziehung der Menschheitsgeschichte zu verschiedenen Regionen oder Orten und auf den Einblicken in das Leben unserer Ahnen, die uns dort gewährt werden.

Zum Abschluss widmen wir uns jenem Bereich, der weder aus der Natur zu stammen scheint noch mit den fünf Sinnen erfassbar oder begreifbar ist. Übersinnliches und Übernatürliches ist in diesem Abschnitt zu finden, der sich auch mit der dunklen Konsequenz des Irrationalen auseinandersetzt: dem Aberglauben.

An manchen Stellen finden sich Zitate von Gesprächen, die wir im Zuge unserer Recherchen mit verschiedenen Personen geführt haben. Einige der Befragten erklärten sich gerne bereit, ihre Namen für das Buch zu nennen, eine Mehrheit unserer Gesprächspartnerinnen und Gesprächspartner wollte jedoch lieber anonym bleiben. Aus diesem Grund haben wir uns entschlossen, nur Vornamen, Alter und Herkunftsort als Angaben zu übernehmen, um beiden Gruppen gerecht zu werden. Die Zitate sind möglichst originalgetreu mit einigen Kürzungen wiedergegeben.

Die Arbeit am Buch wurde für uns selbst zu einer Reise, die uns an unerwartete und farbenprächtige Orte führte, deren Erinnerung uns lange begleiten wird. Wir hoffen, Sie, unsere Leserinnen und Leser, an dieser Reise teilhaben lassen zu können und Sie ein wenig auf die verschlungenen Pfade unserer Heimat führen zu können. Zu Orten der Mystik und der Legenden. Zu unserem verborgenen Erbe.

Die Gesichter der Natur

Wir begegnen ihnen in Märchen, in Mythen und in Sagen. Manchmal sogar in Erzählungen derer, die behaupten, sie wirklich gesehen zu haben. Sie sind groß oder klein, schön oder hässlich, sie helfen oder wollen Übles. Trotz ihrer vielfältigen Erscheinungsformen und Charakterzüge gibt es jedoch etwas, das sie alle vereint: Sie alle sind Aspekte jenes Gesichtes, das wir der Natur in unseren Überlieferungen gegeben haben.

Feen, Zwerge, Weiße Frauen, Kobolde, Wassermänner ... diese mythischen Wesen treten in leicht abweichenden Formen in beinahe allen Kulturen auf, sind integraler Bestandteil von Überlieferungen und sogar religiösen Traditionen. Sie bewohnen Berggipfel, Höhlen, Seen, Wälder, Täler, Hügel – kurz gesagt: jeden Ort, an dem die Kräfte der Elemente und damit auch der Natur selbst allgegenwärtig sind und in atemberaubender Schönheit erfahrbar werden. Manche von ihnen hüten unsagbare Schätze, wissen von Weisheiten jenseits unserer Vorstellungskraft, kennen verborgene Pfade über Berge und Täler, bewachen Eingänge zu fremden, uns verborgenen Welten oder nutzen all ihre Verführungskraft, um ahnungslose Menschen in die Irre – und damit ins sichere Verderben – zu führen.

Mythische Wesen bewohnen und prägen unsere Natur: Feen, Zwerge, Geister, Wassermänner verkörpern die Kräfte der Elemente und zeigen die Macht, der die Menschheit ausgeliefert ist.

Gerade heute, wo Wälder, Berge und auch Gewässer beinahe völlig erforscht sind, scheint es so gut wie unmöglich, dass sich auch nur das kleinste Geheimnis vor dem Licht der Wissenschaft verborgen haben könnte. Die Sagen und Legenden über Naturgeister entführen uns aber in eine Welt, in der Magie und Rätsel noch sehr lebendig sind und die Stimmen unserer Vorfahren wie ein Echo ihres Denkens und Fühlens widerhallen. In einer Zeit, in der die Kälte des Winters noch nicht durch die Behaglichkeit der Fernwärme gemildert wurde, war die Natur eine Macht, der die Menschen mit Furcht und Respekt, aber auch mit großer Dankbarkeit und Ehrfurcht gegenüberstanden. Sie war es, die durch ihre Früchte nährte oder durch ihre Launen und Gesetze gnadenlos zerstörte. Naturwesen können als Ausdruck dieser Zweigesichtigkeit gesehen werden, bringen sie doch großen Segen, aber auch großes Verderben über jene, die ihnen ahnungslos begegnen.

In jedem Fall spiegeln die Geister die Charakteristika des Landes, und so ist es nicht verwunderlich, dass wir in der Steiermark vor allem Geschichten von Wasserwesen und Berggeistern finden.

Sulmtal und Laßnitztal: Das Lahnwaberl

In der westlichen Steiermark findet sich neben sanften Hügeln und schönen alten Städtchen auch eine beachtliche Anzahl von kleineren und größeren stillen und fließenden Gewässern.

Wer an den Ufern der Flüsse des Sulm- oder Laßnitztales entlangwandert, hat die Möglichkeit, dem so genannten Lahnwaberl zu begegnen. Die Heimat dieses Naturgeistes sind die toten Nebenarme der fließenden Gewässer (Lahnen), denen er auch den Namen verdankt. Die Sagen aus der Weststeiermark lassen das Lahnwaberl in sehr widersprüchlichen Situationen erscheinen. Manchmal tritt es als alte Frau mit großen Zähnen auf – eine Beschreibung, die auch auf eine andere österreichische Sagengestalt zutrifft, die uns später noch begegnen wird, auf die Berchtlmutter. Der Naturgeist erscheint aber auch als schöne junge Frau in altertümlicher, aber reicher Kleidung, ein Hinweis auf den „historischen" Ursprung des Wesens.

Der Sage nach soll ein Ritterfräulein aus Groß St. Florian wegen seines gottlosen Verhaltens dazu verflucht worden sein, ruhelos durch Seen, Sümpfe und Lahnen zu wandern. Ebenso wechselhaft wie seine Erscheinungsformen sind auch die Launen des Wesens. Einerseits ist das Lahnwaberl nämlich ausgesprochen boshaft und ohrfeigt jene, die ihm geholfen haben, oder es leert die Getreidesäcke von rechtschaffenen Bauern, ohne dass diese ihm auch nur das Geringste angetan hätten. So gemein und hinterhältig es in einem Augenblick auch sein mag, so wohltätig und milde zeigt es sich im nächsten Moment, wenn es das Feuerholz eines Keuschler-Ehepaares in pures Gold verwandelt.

Wer sich tatsächlich hinter dem Wassergeist verbirgt, verrät der zweite Teil seines Namens, auch wenn dies nicht auf den ersten Blick ersichtlich wird. Waberl leitet sich nämlich von Barbara ab, was wiederum altes Weib oder aber auch Göttliche Barbarin bedeutet. Die slowenische Form von Barbara lautet Baba, was uns zu einer weiteren Sagengestalt führt, deren Wurzeln ebenso tief im Glauben unserer heidnischen Vorfahren verankert liegen wie die des Lahnwaberls – der Baba Yaga, einer Erscheinungsform der vorchristlichen Göttin

Mythos Wasser: Neben seinem Nutzwert symbolisiert das nasse Element seit jeher auch das Unvorhersehbare, das Bedrohliche.

als altes Weib, das über Leben und Tod gebietet. Barbara wurde in den Kreis der christlichen Märtyrer integriert, und das Brauchtum der Barbarazweige zeigt, wie sehr diese Heilige auch heute noch mit dem Werden und Vergehen in der Natur in Verbindung gebracht wird. Sie ist nicht nur die Schutzheilige gegen Blitzschlag – weil Gott ihren frevlerischen Vater mit einem Blitz tötete –, sondern auch die Schutzherrin der Bergleute. Ursprünglich war Barbara eine Feenkönigin, die in ihrem heiligen Berg über das Totenreich herrschte. Dies zeigt eindeutig, dass sie dem dritten und letzten Aspekt der weiblichen Trias zugeordnet werden muss; auch sie ist die heidnische Göttin in der Gestalt des alten Weibes und der Totenherrin. Wirklich gefährlich wird der Geist jedoch nur Kindern. Denn die Kleinen lockt er zum Baden und hält sie dann so lange unter Wasser, bis sie ertrinken – vor allem jene Kinder, die noch nicht getauft sind.

Das Lahnwaberl: Ein Spiegelbild der Unberechenbarkeit der Natur. Illustration von Josef Eumig.

Die Verbindung zu Wasser und Tod taucht auch in Legenden auf, in denen der Geist auf Stegen und Brücken lauert und vorbeiziehenden Begräbniszügen die Überquerung des Gewässers unmöglich macht, sodass die Trauernden einen Umweg gehen müssen. Interessant ist hier die Anspielung auf antike Mythen, welche die Reise in die Anderswelt als den Weg über einen Fluss – den Acheron – beschreiben. Sehr oft begegnen die Reisenden hier den Hütern der Totenflüsse, wie beispielsweise Charon in der griechischen oder der Wäscherin an der Furt in der keltischen Mythologie. Es ist gut möglich, dass die Figur des Lahnwaberls mit diesen mythischen Führern ins Totenreich verwandt ist.

Der todbringende Aspekt der weiblichen Göttlichkeit erscheint im christlichen Weltbild nicht mehr nur dunkel, sondern auch böse, was die Totenherrinnen unweigerlich zu Dämoninnen oder übel wollenden Geistern macht – so auch das ewig unberechenbare Lahnwaberl.

Wie die alten Göttinnen verfügt das Naturwesen jedoch auch über die Fähigkeit, nach Belieben von einer Gestalt in die andere zu wechseln. So ist es einmal die hässliche alte Vettel, dann aber wieder die schöne, junge Frau (Jungfrau). Die Wandlungsfähigkeit und Launenhaftigkeit, in einem Moment zu zerstören, dann wiederum als Segen bringende

Wohltäterin aufzutreten, spiegelt nichts anderes wider als die Unberechenbarkeit der Natur, für die es steht.

Bei einem Spaziergang an den Ufern der Sulm scheinen das lichte und das dunkle Antlitz des Lahnwaberls auch noch auf andere Weise begreifbar zu werden. So hell und freundlich der Fluss auch bei schönem Wetter sein mag, so dunkel und unheimlich ist er dort, wo das Sonnenlicht das Wasser nicht erreichen kann. Wenn tief hängende Wolken vom Nahen eines Unwetters künden und Blitze über den Himmel zucken, wird die Macht der Elemente hautnah spürbar. Dann wird mit einem Mal leibhaftig erfahrbar, warum Menschen seit Jahrtausenden um den Schutz und das Wohlwollen der Natur bitten, sei es nun in Gestalt der hl. Barbara oder aber jener der Feenkönigin.

Nachdem Barbara sich nicht von ihrem christlichen Glauben abwenden wollte, ließ sie ihr Vater, ein Christenfeind, verfolgen. Ein Fels, der sich plötzlich vor Barbara öffnete, bot ihr Schutz und somit wurde sie zur Patronin der Bergleute. Vor dem Tod konnte sie ihr Versteck dennoch nicht retten: Ihren Glauben hochhaltend, wurde die hl. Barbara vom eigenen Vater geköpft.

Andritz-Ursprung: „Mama, hier tanzen in der Nacht die Elfen!"

Ich war nur einmal bei der Quelle, meine Mutter hat mich dorthin mitgenommen. Ich hatte schon vorher von der Geschichte gelesen, und ich fand es spannend, auch wenn ich das Ganze ein wenig esoterisch fand. Rechtsdrehendes Wasser, ich weiß bis jetzt nicht so recht, was ich damit anfangen soll. An den Ort kann ich mich noch immer erinnern, auch wenn das jetzt schon so an die vier Jahre her sein muss. Ich weiß nicht warum, aber die Erinnerung vermischt sich immer mit der an die Gralsquelle in Glastonbury, die ich noch früher besucht habe. Ich weiß nicht, was es wirklich ist, das ich ähnlich finde, vielleicht diese Stille. Ich meine, es geht nicht um Geräusche, es ist eine andere Art von Stille. Es ist seltsam, aber egal wie gestresst und nervös ich bin, es

gibt Orte, da werde ich einfach ganz ruhig. Und die Lorberquelle ist einer davon.
Es ist außerdem wunderschön dort, dieser klare kleine See und die Wasserpflanzen unter der Oberfläche. Es wirkt fast ein wenig unwirklich. Da war dieses Kind, das wie aufgezogen um den Teich gelaufen ist. Es war ganz aufgeregt und ist zu seiner Mutter gelaufen und hat auf das Wasser und den kleinen Wald gezeigt und gesagt: „Mama, hier tanzen in der Nacht die Elfen!" Irgendwie hat mich das berührt, weil ich mich gefragt habe, was das Mädchen da „gesehen" hat. Ich weiß ja, was kindliche Phantasie ausrichten kann, aber das hat mich nicht losgelassen. Später habe ich dann die Sagen gefunden von den Nymphen, die dort wohnen sollen, und das habe ich dann noch spannender gefunden. Irgendwie habe ich seither nicht mehr aufgehört, mich zu wundern, wie Sagen und Geschichten von Elfen, Zwergen und so entstehen, und ob da eine Art von Wahrheit dahinter steht, die uns nicht mehr zugänglich ist. Wunderbar, wenn ich das lese, komme ich mir selbst wie ein Eso-Freak vor. Dabei ist rechtsdrehendes Wasser ja im Verhältnis völlig normal.

(Tom, 36, Graz)

Andritz-Ursprung im Norden von Graz, von den Grazern und Grazerinnen auch Lorberquelle genannt, ist längst mehr als ein Geheimtipp für jene, die nach alternativen und natürlichen Arten von Gesundheitsmitteln suchen. Wissenschaftliche Forschungen haben ergeben, dass das Wasser der Quelle tatsächlich ganz besondere Eigenschaften aufweist. Es handelt sich nämlich um rechtsdrehendes Wasser, das im Zusammenhang mit Bachblüten zu einer Art von Wunderwasser wird, weil sich die Essenzen darin besonders lange halten. Wie bei den meisten, wenn nicht sogar allen Heilquellen ist deren Wirkung nicht völlig geklärt, auch wenn es immer wieder Hinweise auf die Besonderheit des Wassers gibt. Hohe Konzentrationen von Eisen oder Salzen sind es, durch die sie sich auszeichnen – allein diese Eigenschaften reichen aber nicht aus, um die gesundheitsfördernde Wirkung, geschweige denn wiederholt auftretende „Wunderheilungen" vollends zu erklären.
Dies trifft auch auf das Wasser vom Andritz-Ursprung zu, konnte doch – abgesehen von der Sache mit den Bachblüten-Essenzen – keine direkte Wirkung nachgewiesen werden.
Was bleibt, sind jedoch Dutzende, wenn nicht sogar hunderte von Leuten aus dem näheren und weiteren Umland der Quelle, die mit Flaschen und sogar Kanistern zu dem verborgenen Ort im Grazer Norden pilgern, um das Wunderwasser nach Hause zu holen.
Wer erwartet, dass es sich bei den Besuchern der Quelle um esoterische Spinner handelt, wie nicht selten mit gewissem Zynismus behauptet wird, irrt jedoch. Das Einzige, was die Menschen bei der Quelle zu vereinen scheint, ist ihre so offensichtliche Unterschiedlichkeit; was dafür spricht, dass es trotz starker historischer Färbungen nie gelungen ist, den Ort für eine besondere Richtung oder Strömung zu vereinnahmen. Ein Ausflug zum Andritz-Ursprung kann dementsprechend auch zu einem besonderen soziologi-

Aus mehr als 1000 Metern Tiefe sprudelt das Wasser der Lorberquelle im Norden von Graz, dem heilende Wirkung nachgesagt wird.

schen Erlebnis werden, trifft man dort doch die unterschiedlichsten Menschen: von jungen Familien, betenden alten Frauen, Menschen in leuchtend orangefarbenen Gewändern, die sie eindeutig als Angehörige des buddhistischen Glaubens auszeichnen, bis hin zu Universitätsprofessoren oder Leuten, die sich offen als Heiden bezeichnen. Das ist vor allem daher verwunderlich, weil die Quelle eindeutig und sehr stark von christlicher Seite geprägt wurde, wenn auch von einer Richtung, die uns wohl eher selten in Kirchen oder Pfarren begegnet.

Jakob Lorber, der als Namensgeber für die Quelle fungierte, seit das Areal in den Besitz seiner Jüngerinnen und Jünger übergegangen ist, wurde im Jahr 1800 im kleinen Ort Kanischa (heute Slowenien) geboren und wuchs in ärmlichen, jedoch im besten Sinne weltoffenen Verhältnissen auf – auch auf religiösem Gebiet. In seiner Jugend erhielt er vor allem eine musische Ausbildung und arbeitete als Orchesterführer in Kirchen, um sich sein Diplom als Hauptschullehrer zu ermöglichen. Er versuchte in Graz eine Anstellung zu finden, was aber misslang, und so blieb er der Musik noch lange Zeit treu. Lorber war immer ein religiöser und spiritueller Mensch gewesen und hatte seine Kraft aus Gebet und Meditation geschöpft, kurz vor Vollendung seines 40. Lebensjahres veränderte sich sein Leben jedoch grundlegend. Was an jenem Morgen im März des Jahres 1840 geschah, lässt sich aber auch vor diesem Hintergrund nur schwer erklären. Jakob Lorber hörte eine Stimme, die ihm befahl, einen Griffel in die Hand zu nehmen und Gottes Stimme auf Papier zu bannen. Dieser Eingebung folgend verbrachte der „Schreibknecht Gottes" die nächsten 24 Jahre damit, das niederzuschreiben, was jene mysteriöse Stimme ihm eingab.

Sein Lebenswerk umfasst über 10.000 Seiten, auf denen er das Wort Gottes festhielt. Anhänger Lorbers betonen, dass die Bibel für ihn eine lebenslange Quelle der Inspiration blieb, und sie finden auch dort die Begründung, sein Werk als „Neuoffenbarung" zu bezeichnen. Im Johannes-Evangelium (16, 12–14) findet sich nämlich ein Hinweis auf zukünftige Propheten, die das verkünden sollen, wofür die Menschheit zur Zeit der Entstehung der Evangelien noch nicht reif war. Die Amtskirche vertritt jedoch den Standpunkt, dass christliche Prophetien mit dem Tod der Apostel ein Ende fanden und es daher keine weiteren göttlichen Offenbarungen geben könne. Damit befinden sich die Anhänger Lorbers im Widerspruch zu kirchlichen Glaubensdogmen und gelten dadurch als Sekte oder auch als okkulte Gruppierung mit christlichem Hintergrund. Das Werk Lorbers war und ist weitgehend umstritten, denn was einige als göttliche Eingebung begreifen, das stellt für andere okkulte Praktiken dar, kann die literarische Tätigkeit doch als „automatisches Schreiben" betrachtet werden, was von vielen auf die gleiche Stufe gestellt wird wie Tischerlrücken, Gläserrücken oder das Ouija-Brett – allesamt okkulte Techniken. Als automatisches Schreiben gilt die Technik, ein Blatt Papier und einen Stift bereit zu legen und dann das niederzuschreiben, was in diesem Moment den Geist bewegt. Dies geschieht oft so schnell und regelrecht zwanghaft, dass der Eindruck entstehen kann, die oder der Schreibende würde von einer fremden Macht gelenkt und die Worte entsprängen nicht ihrem oder seinem Geist, sondern einer Wesenheit aus einer anderen Welt. Automatisches Schreiben steht für gewöhnlich jedoch nicht im Zusammenhang mit der Berufung, das Wort Gottes zu verkünden, wie es bei Lorber der Fall war. So bleibt das Phänomen der Offenbarung Lorbers ein ungelöstes Rätsel.

Die Verbindung des „Schreibknechtes Gottes“ zum Andritz-Ursprung lässt sich auf verschiedenen Ebenen finden. Zum Ersten erhielt Lorber hier die Inspiration für eines seiner Werke, das „Quellevangelium“. Dazu kommt, dass der Visionär den Standpunkt vertrat, die Natur sei beseelt – mehr noch: Die Seele arbeite sich durch Reinkarnation empor von Mineralien, Pflanzen und Tieren zur Krone der Schöpfung, dem Menschen. Auch Engel sind ein fixer Bestandteil dieses Glaubens; so vertrat Lorber auch die Meinung, die Quelle sei von einem Engelsgeist bewacht. Diese Verbindung ihres Propheten mit dem Kraftort war seinen Jüngern so viel wert, dass sie erst die Quelle und später auch das angrenzende Grundstück samt dem darauf befindlichen Gebäude erwarben.

Interessant ist, dass der Quellort nicht nur von den Theosophen mit Naturwesen in Verbindung gebracht wurde und wird.

„Hören Sie, ich bekomme eine Offenbarung.“ Mehr als 10.000 Seiten schrieb Jakob Lorber (1800–1864), der „Schreibknecht Gottes“, nieder, nachdem ihn eine Stimme nahe seines Herzens dazu aufforderte.

Es gibt eine Sage, die davon berichtet, dass sich früher in mondhellen Nächten Nymphen im klaren Wasser des Teiches tummelten und mit ihren wunderschönen Stimmen sanfte Gesänge anstimmten. Eines Nachts jedoch wurden sie dabei von ein paar Knechten überrascht, die vom Tanz nach Hause gingen. Einer von ihnen sprang ins Wasser und fing eine der wunderschönen Frauen. Als die Männer jedoch erkannten, dass die Unbekannte einen Fischleib statt Beine hatte, wurden sie derart von Wut gepackt, dass sie die Nymphe kurzerhand erschlugen. Sterbend bedauerte das schöne Wesen diese Behandlung und sprach von Schätzen, die sie den Knechten geben hätte können, wären diese nicht so grausam gewesen. Die anderen Nymphen verziehen dieses Verhalten ebenso wenig, ist ihr Gesang doch seither verstummt. Ab und zu kann man sie zwar noch im Wasser spielen sehen, statt Fremden jedoch freundlich zu begegnen, locken sie diese ins Wasser und ziehen ihre Opfer in ihren Kristallpalast am Grunde des Sees. Diese Geschichte ist besonders interessant, handelt es sich beim Andritz-Ursprung doch um eine Heilquelle, hier jedoch wird auf die Gefährlichkeit und die Düsterheit des Ortes hingewiesen.

Ungewöhnlich ist auch die Entstehungssage der Heilquelle, früher soll nämlich ein

Schloss an ihrer Stelle gestanden haben. Der Schlossherr jedoch war ein grausamer und rauer Kerl, der einem Pilger die Tür wies und ihn verhöhnte, als dieser um ein wenig Nahrung und Unterschlupf für die Nacht bat. Der Alte stieß daraufhin einen Fluch aus, und sofort begann die Erde zu beben und die Burg versank mit all ihren Bewohnern. Wenn das Wasser klar ist, kann man die Ruinen auf dem Grund des Weihers noch sehen, und der grausame Schlossherr ist dazu verdammt, als Irrlicht über das Wasser zu tanzen, bis er den Pilger findet und dessen Vergebung erhält – nur dann kann er Ruhe in seinem Grab finden. Eine Geistergeschichte und ein Bericht über eine grausam erschlagene Wassernymphe sind ein reichlich düsterer Hintergrund für einen Kraftort, der seit Jahrhunderten von Menschen aufgesucht wird, um dort Ruhe und Heilung zu finden.

Die Atmosphäre des Ortes, die Stille und die Klarheit des kleinen Weihers inmitten von Bäumen lassen die verstörenden Legenden jedoch schnell in Vergessenheit geraten. Die Quelle lädt vielmehr dazu ein, sich beim Wasser niederzulassen und selbst Block und Stift in die Hand zu nehmen und Bilder oder Gedanken auf Papier zu bringen oder aber einfach die Gedanken schweifen zu lassen.

Welche Eigenschaften das Wasser nun auch immer haben oder auch nicht haben mag, so scheint es doch ein tief gehendes Bedürfnis der dorthin pilgernden Menschen zu stillen, worin auch immer diese Sehnsucht bestehen mag. Wer sich die Zeit nimmt, ein wenig am Andritz-Ursprung zu verweilen und nicht nur die mitgebrachten Flaschen mit dem Wunderwasser zu füllen, dem werden wohl weniger die Geschichten vom ruhelosen Ritter oder der sterbenden Wassernymphe in den Sinn kommen, als vielmehr die aufgeregten Worte eines Kindes, das lachend wieder und wieder um den Weiher läuft und ruft: „Mama, hier tanzen in der Nacht die Elfen!"

Bad Gleichenberg: Hüterinnen des heilenden Wassers

Bad Gleichenberg im Bezirk Feldbach hat einen unglaublichen Reichtum an Heilquellen zu bieten. Als beliebter Kurort des Thermenlandes besitzt auch Bad Gleichenberg eine eigene Thermalquelle – hinzu kommen Emmaquelle, Konstantinquelle, Mariannenquelle und Sophienquelle und noch viele mehr, die hier nicht aufgezählt werden können. Die meisten dieser Namen gehen kaum weiter zurück als ins 19. Jahrhundert, lockten doch Kurhäuser gerade in jener Zeit zahlungskräftige Heilungssuchende in die Gegend, die auf Linderung von Atemwegs- oder Magenkrankheiten hofften. Auch heute findet sich an dem Ort eine beachtliche Anzahl von Pensionen, Hotels und Kurhäusern, denen die Region ihren Reichtum zu verdanken hat.

Die Römerquelle weist jedoch darauf hin, dass die Geschichte der Heilquellen schon viel weiter zurückreicht – immerhin konnte nachgewiesen werden, dass das besondere Wasser tatsächlich bereits zur Zeit der römischen Besiedlung genutzt wurde. Den Eroberern ist es auch zu „verdanken", dass die Quellen für lange Zeit in Vergessenheit geraten sind, soll es doch das

Peter Rosegger beschreibt den ältesten Kurort der Steiermark in schwärmerischer Weise: „Diesen Erdenhimmel liebe ich, vor vielen Jahren hab ich in ihm gelitten, und seither liebe ich ihn. Dann habe ich in seiner sonnigen und schattigen Stille auch Kräftigung und Freude erlebt, und seither liebe ich ihn noch mehr. Gleichenberg ist eine weiche, blumenumwundene Sänfte, wo man sich in aller Behaglichkeit wohl einmal ein paar Wochen dem ungestörten Nichtstun und Nichtssein hingeben kann." Holzstich nach Richard Püttner, 1880.

Pferd eines Soldaten aus dieser Epoche gewesen sein, das die Quelle verschüttet hat. Erst nach Jahrhunderten soll das Wasser wieder zu sprudeln begonnen haben.

Dies ist jedoch nicht die einzige Legende, die sich um die heilkräftigen Wasser rankt. Eine der Sagen entführt uns in die Welt von weiteren Naturgeistern: den Wasserfrauen.

Eine Wasserfrau war es nämlich, die einem erschöpften und kranken römischen Soldaten das Wasser reichte, bevor dessen heilende Wirkung bekannt war. Die Genesung des Mannes schritt daraufhin ungewöhnlich schnell voran, und obwohl die Nymphe sich nie wieder sehen ließ, wurde die wunderbare Wirkung des Wassers doch bald weithin bekannt.

Die Natur der Wassergeister scheint freilich die Qualität des Wassers zu spiegeln, denn so wohlwollend die Nymphe von Gleichenberg auch gewesen sein mag, so gefährlich sind die Wesenheiten, die andere Gewässer bewohnen und beschützen. Die Wasserfrauen der Frauenlacke auf der Seetaler Alpe in der Obersteiermark beispielsweise locken ahnungslose Männer in ihr Reich und ziehen sie mit ihren grünen Armen in ein feuchtes Grab. Auch die Wassermänner halten es nicht viel anders, sagt man doch von ihnen, sie würden Kinder mit sich in die Tiefe nehmen und die Ertrunkenen in gläsernen Palästen einsperren. Egal ob Seen, Flüsse oder Teiche, sie alle können zu tödlichen Fallen werden, nicht zuletzt, weil die trügerisch stille Oberfläche nichts von Untiefen oder Wasserströmungen erahnen lässt. Das Sprichwort „Stille Wasser sind tief" entfaltet hier seine volle Bedeutung.

Wasser ist aber auch die Grundlage allen Lebens. Das Märchen „Das Wasser des Lebens" ist in fast allen Kulturkreisen in einer Variante bekannt und erzählt von der Leben spendenden Kraft, die dem Element innewohnt.

Der Römerbrunnen in Bad Gleichenberg wird in das 1. Jahrhundert n. Chr. datiert. Erst 1845 entdeckte man in vier Metern Tiefe den gut erhaltenen Brunnenkranz und darunter 74 römische Münzen und zwölf versteinerte Haselnüsse. Bleistiftzeichnung von Johann Passini, um 1853.

Aber auch in vielen spirituellen Traditionen spielt die Macht des Wassers eine bedeutende Rolle, so auch in der christlichen. Kinder werden durch das Eintauchen in das Taufbecken in die Gemeinschaft des christlichen Glaubens aufgenommen, und es ist Weihwasser, mit dem der Segen weitergegeben werden soll.

Die Nymphe von Gleichenberg ist eine Personifikation der heiligen Natur des Wassers und behütet Orte der Heilung – und das, wie im Fall der Quellen von Gleichenberg, bereits seit mehr als 2000 Jahren.

Der Grüne See: Das Juwel der Steiermark

Der Grüne See liegt in der Nähe von Bruck an der Mur, genauer gesagt eine gute halbe Stunde Fußmarsch von Tragöß entfernt. Wer nicht auf den Luxus eines Autos verzichten möchte, kann bis zu einem der nahe gelegenen Parkplätze fahren, ein Gasthaus bietet seinen Gästen sogar die Möglichkeit, den Wagen fast direkt am Ufer des Sees abzustellen.

Der Ort ist in der Umgebung weitgehend bekannt und ein beliebtes Ziel von Ausflüglern und Spaziergängern, was zur Folge hat, dass man sich dort selten allein befindet. Am Fuße der Pribitzmauer gelegen, bietet der See vor allem wegen seines unwahrscheinlich klaren Wassers einen beeindruckenden Anblick. Da der See über eine sehr geringe Wassertiefe verfügt und der Grund durch den Kalkstein sehr hell ist, sorgt der Lichteinfall für die besondere Färbung, die Namen gebend für das Gewässer ist – Wasserpflanzen und die umgebende Flora verstärken die Intensität der Grüntöne.

Die Wälder, die den See säumen, bestehen größtenteils aus Fichten, was zur besonderen Atmosphäre des Ortes beiträgt, gehören

Smaragdfarben schimmert das Wasser des Grünen Sees, gespeist vom Schmelzwasser des „Steirischen Gebirgs", des Hochschwabs.

diese doch zu den dunkelsten Nadelbäumen, die wir im Steirerland vorfinden. Auf halbalpinen Wiesenstücken findet sich eine Vielzahl von Heil- und Gewürzpflanzen, deren Farbenpracht vor allem im Sommer das Auge erfreut. Gämsen und Rotwild gehörten bis in die jüngere Vergangenheit zu den natürlichen Besuchern des Grünen Sees, heute sind sie jedoch zu einer Seltenheit geworden. Die verschiedenen Wetterstimmungen verändern den Anblick des Grünen Sees dramatisch – bietet er im Sonnenlicht ein perfektes Bild natürlicher Schönheit, so verwandelt er sich bei Regen und an wolkenverhängten Tagen fast gänzlich, und dem Gewässer scheint etwas Entrücktes und Mystisches innezuwohnen, vor allem, wenn Nebelfetzen über das Wasser ziehen und die hoch aufragenden Berge hinter grauen Schleiern versinken.

Selbst an den heißesten Sommertagen bleibt die Temperatur des Wassers sehr niedrig, und es braucht mutige Schwimmer, um ein Bad im eisigen Nass zu nehmen, so verlockend nah der Seeboden durch das klare Wasser auch schimmert.

Die einzigen Wermutstropfen beim Betrachten des Naturortes sind die Stromleitungen, die den See überspannen und uns daran erinnern, dass die Zeiten unberührter Natur der Vergangenheit angehören. Dies tut der Magie des Ortes jedoch keinen Abbruch, wie der Bericht einer Obersteirerin zeigt, die uns ihren persönlichen Kraftplatz schildert.

Mein Papa hat uns als Kinder oft zum Grünen See mitgenommen. Wir sind von Tragöß aus hingewandert. Heute kommt mir der Weg nicht mehr weit vor, für uns damals war es aber immer eine richtige Wanderung, auch weil wir was weiß ich gemacht haben und dann Ewigkeiten dorthin gebraucht haben. Beim See haben wir dann immer eine Jause und etwas zu trinken bekommen, ich bin immer ganz nah am Wasser gesessen und war ganz in Gedanken versunken. Mein Vater hat erzählt, dass ich einmal die Hälfte von meinem Brot in den See geworfen habe, was ihn natürlich wütend gemacht hat. Als Angehöriger der Kriegsgeneration konnte er Verschwendung einfach nicht aushalten, und wir Kinder wussten das auch sehr gut. Als er mich dann wütend angeschrien hat, habe ich ihm ganz ernsthaft erklärt, ich hätte mein Essen doch mit der Wasserkönigin geteilt, weil diese auch mal etwas anderes essen wolle als immer nur Fische. Ich war so überzeugt davon, dass Papa es einfach gut sein hat lassen, was wirklich ungewöhnlich war, weil er sonst Ewigkeiten wütend sein konnte. Er wollte aber auch immer, dass wir Respekt vor der Natur haben, und vielleicht hat er das als einen kindlichen Zugang dazu gesehen.

Als Zeichen der Vergänglichkeit und ihrer Reue hält die hl. Maria Magdalena den Totenkopf in der Hand.

In meiner Jugendzeit bin ich dann eigentlich nie zum See hin, irgendwie war mir das zu kindisch. Typisch Teenager eben. Wieder entdeckt habe ich den Platz dann, als ich in Graz an der Uni studiert und unter der Woche dort gelebt habe. Ich mochte die Stadt nicht, und es hat mich einfach in die Natur gezogen. Der Grüne See hat sich zu einer Art Zufluchtsstätte entwickelt, ich bin immer dorthin gegangen, wenn ich einfach genug von allem hatte. Ich gehe heute noch regelmäßig hin, irgendwie fühle ich mich dort zu Hause. In der Schule haben wir gelernt, dass der Grüne See die „Perle der Steiermark“ ist, und ich empfinde das genauso. Was es wirklich ist, das mich dorthin zieht, kann ich nicht sagen, aber es passt einfach. Egal wie fertig ich vorher bin, ich gehe immer gestärkt von dort weg, und ich habe auch schon manchen Liebeskummer dort gelassen. Vielleicht ist es ja die Wasserkönigin, die mich jetzt dafür entlohnt, dass ich mein Brot mit ihr geteilt habe!

(Brigitte, 43, Kapfenberg)

Wer auf dem Rückweg nach Bruck noch ein wenig Zeit übrig hat, der kann bei der Kirche in Tragößß Halt machen. Das Gotteshaus ist der hl. Maria Magdalena geweiht, die mit entblößten Brüsten und wallendem langem Haar auf dem Hauptaltar zu sehen ist. Mit einem Totenschädel in der rechten Hand und in goldenes Gewand gekleidet, zeigt sie sich als eine der wohl schillerndsten Heiligenfiguren der christlichen Glaubenslehre.

Eine wichtige Funktion der Teufelsdarstellung in der Kirche war die Warnung vor dem Bösen, wie hier auf einem Glasfenster der Kirche von Tragöß.

Die Kirche kann auf eine Geschichte von fast 1000 Jahren zurückblicken, und es sind nicht nur angenehme Ereignisse, die sich in dieser langen Zeit zugetragen haben. Schon vor dem Jahr 1156 befand sich an der Stelle des heutigen Standortes eine Kapelle, in diesem Jahr wurde die Kirche der hl. Maria Magdalena geweiht. Fresken an den Wänden stammen aus diesen frühen Zeiten der romanischen Baukunst; in späteren Jahrhunderten wurde das Gebäude jedoch gotisiert – außerdem gibt es einen barocken Zubau aus dem 18. Jahrhundert.

Die Ausstattung des Sakralraumes ist sehr reich, dabei kann man leicht die eher kleine Inschrift übersehen, die sich über dem Eingang zur Sakristei befindet. Das Epitaph erinnert an den Pfarrer Melchior Lang, der gegen Ende des 15. Jahrhunderts einen gewaltsamen Tod fand. Interessant ist, dass dieser Pfarrermord in Tragöß kein Einzelereignis darstellt; die Freveltat wurde in nachfolgenden Zeiten noch einmal versucht – doch konnte das Leben des Seelsorgers damals gerettet werden, und die Verantwortlichen wurden zur Rechenschaft gezogen. Dass sich in der Vergangenheit eines kleinen Ortes wie Tragöß gleich zwei Berichte von Mordplänen an Mitgliedern des Klerus finden, ist eher ungewöhnlich und veranlasste vor allem ältere Geschichtsschreiber zu Spekulationen über die Frömmigkeit der dort ansässigen Bevölkerung. Von dieser eher unrühmlichen Vergangenheit des Gotteshauses ist heute jedoch nichts mehr zu spüren, und wer die Stille und die Kraft eines alten geweihten Ortes genießen möchte, der hat in der Magdalenskirche ausreichend Gelegenheit dazu.

Die Lurgrotte

Die Lurgrotte, im Volksmund Lurloch genannt, liegt nördlich von Graz in einem Karstmassiv, dem Tannebenstock. Seit Jahrtausenden ist ihre Lage bekannt, doch die wissenschaftliche Erforschung dieser riesigen und geheimnisvollen Höhle begann erst im Jahr 1893.

Bevor wir einen näheren Blick in die Höhle werfen, lohnt sich eine kurze Betrachtung ihres Namens, der mehr als ein Geheimnis in sich birgt. Eine definitive und gesicherte Bedeutung des Wortes Lurgrotte oder Lurloch gibt es nicht, doch lassen sich einige durchaus interessante Aspekte finden. Etymologisch gesehen gibt es mehrere Möglichkeiten, den Namen zu erklären. Gängig ist die Erklärung, dass lur so viel wie verloren bedeutet. Immerhin verschwindet der Bach, dessen unterirdischem Lauf die Höhle folgt, bei Semriach im Berg, das Wasser geht sozusagen verloren; dass es – ungefähr 5000 Meter Luftlinie entfernt – bei Peggau wieder ans Tageslicht kommt, ist erst seit kurzem bekannt. In alter Zeit gab es zwar dahin gehende Mutmaßungen, die durch eine alte, von einem Geistlichen gezeichnete Karte gestützt wurden, aber bewiesen wurde die Theorie vom durch den Berg fließenden Bach erst mit der ersten Durchquerung der Höhle im Jahr 1935.

Lur heißt aber auch lauern, im deutschen Sprachraum heute noch im Namen der Hunderasse Lurcher erkennbar, die vorwiegend auf den Britischen Inseln anzutreffen und mit den schlanken Greyhounds verwandt ist. Darin steckt auch noch das Zigeunerwort Lur (Dieb) bzw. eben das mittelhochdeutsche lûren (lauern). Es ist also durchaus möglich, dass etwas Lauerndes, Verborgenes dem Bach und der Höhle den Namen gegeben hat. Mondstein (bretonisch) und elbisches Wesen (aus dem Mittelhochdeutschen) sind andere vertretbare Übersetzungen der Wortsilbe und stellen andere denkbare Namensquellen dar. Auf dieses lur geht übrigens auch der Name der Loreley zurück, jenem Zauberwesen, das durch seine Schönheit Fischer und Schiffer in den Tod gelockt haben soll. Lurren oder lurlen heißt aber auch das Geräusch, das durch rasch fließendes Wasser verursacht wird; es ist also lautmalerisch und soll vielleicht an den verführerischen Gesang eines Wassergeistes erinnern.

Die Lore-Ley

Ich weiß nicht, was soll es bedeuten,
Dass ich so traurig bin;
Ein Märchen aus alten Zeiten,
Das kommt mir nicht aus dem Sinn.

Die Luft ist kühl und es dunkelt,
Und ruhig fließt der Rhein;
Der Gipfel des Berges funkelt
Im Abendsonnenschein.

Die schönste Jungfrau sitzet
Dort oben wunderbar,
Ihr goldnes Geschmeide blitzet,
Sie kämmt ihr goldenes Haar.

Sie kämmt es mit goldenem Kamme,
Und singt ein Lied dabei;
Das hat eine wundersame,
Gewaltige Melodei.

Den Schiffer im kleinen Schiffe
Ergreift es mit wildem Weh;
Er schaut nicht die Felsenriffe,
Er schaut nur hinauf in die Höh'.

Ich glaube, die Wellen verschlingen
Am Ende Schiffer und Kahn
Und das hat mit ihrem Singen
Die Lore-Ley getan.

(Heinrich Heine)

Interessant scheint auch die Namensähnlichkeit mit den Luren, den ältesten spielbaren Bronzeblasinstrumenten, die in Europa bekannt sind. Sie gelten als zeremonielle Instrumente für kultische Anlässe. Oftmals wurden sie daher in Mooren gefunden, wo sie wahrscheinlich rituell als Gaben versenkt worden sind. Ihre Form ist die eines konischen Rohres, das gerollt bzw. gebogen wurde, und der Klang entsteht durch das Vibrieren der Luft im Rohr.

Auch wenn es über den Ursprung des Namens des Naturkunstwerkes Lurgrotte die unterschiedlichsten Thesen und Vermutungen gibt, so ist sie doch weit über ihr Umland hinaus berühmt – ein beliebtes Ausflugsziel für Jung und Alt, das sowohl im Winter als auch im Sommer gern besucht wird, und bereits seit über 100 Jahren finden Führungen durch die unterirdischen Gänge statt. Als die größte Tropfsteinhöhle Österreichs verwöhnt die Lurgrotte ihre Besucher mit bizarren Steinformationen und atemberaubenden Naturschauspielen wie dem unterirdischen Bach oder den verschlungenen Pfaden in den Tiefen der Erde.

Weite Teile des Höhlensystems sind heute erschlossen und für Interessierte begehbar, der Bachlauf wurde dahingehend beeinflusst, dass er durch einen Stollen unterhalb des ursprünglichen Ausgangs ins Freie tritt. Dass die Grotte jedoch von Naturkräften geformt wurde und auch heute noch von diesen regiert wird, wird bereits beim Eintreten in das unterirdische Reich klar. So begeht man von Semriach her jenen Teil der Höhle, der im Zuge einer Rettungsaktion nach einer Überschwemmung freigesprengt werden musste. Noch heute sind hier an der Wand die Markierungen zu sehen, bis zu denen das Wasser angestiegen war.

Die regulären Führungen – von der Peggauer und der Semriacher Seite – gehen über ungefähr zwei Kilometer, doch gibt es seit etwa 30 Jahren keine geführten Durchquerungen der Höhle mehr, nachdem ein Hochwasser Teile der präparierten Wege unzugänglich gemacht hatte. Begehbar sind beide Strecken in jedem Fall für alle Altersgruppen, da sie bis auf wenige Ausnahmen beinahe eben verlaufen und nur geringe Steigungen zu überwinden sind. Für erlebnishungrige Gruppen lassen sich auch Abenteuerführungen buchen, die tiefer in den Berg führen.

Fledermäuse bewohnen die Stollen und Gänge, deren Temperatur und Luftfeuchtigkeit nicht nur besonders günstig für Menschen sind, die an Atemwegserkrankungen leiden. Sowohl im Winter als auch im Sommer beträgt die Temperatur etwa neun bis zehn Grad, und es sind einheimische Fledermausarten wie die Hufeisennasen, die die konstanten Temperaturen schätzen. Die Lurgrotte stellt österreichweit eines der größten Areale zur Überwinterung für diese gefährdete Tierart dar.

In Peggau zeigt ein Höhlenmuseum in der so genannten Vorhöhle interessierten Besuchern Fundstücke und Schautafeln, die über das Leben in der Steinzeit berichten. Bei Aufräumungsarbeiten in diesem Teil der Grotte wurden die für verkarstete Bergstöcke typischen Höhlensedimente abgetragen, wobei Überreste von Tierskeletten und auch Fundstücke entdeckt wurden, die auf eine steinzeitliche Nutzung durch Menschen schließen lassen. Allerdings lag der Eingang zur Lurgrotte damals aller Wahrscheinlichkeit nach oberhalb des heutigen Eingangs und wurde entweder durch einen Einsturz oder durch Erosion der Berghänge verschüttet. Nicht nur die Fundschichten in der Lurgrotte selbst, sondern auch die hohe Dichte an mittelpaläolithischen Funden an den umliegenden Hängen und in den nahe gelegenen Höhlen belegen eine Besiedlung durch die Neandertaler.

Die Rheinnixe Loreley und die Lurgrotte haben nicht nur den Namen gemeinsam: Um beide ranken sich zahlreiche Sagen und Legenden. Holzschnitt von R. Brend'amour.

Der im 19. Jahrhundert geprägte Begriff des „Höhlenmenschen“ bezeichnet eben jene Neandertaler, die in Höhlen und Grotten Zuflucht und Lagerplatz fanden. Es ist anzunehmen, dass es sich dabei vor allem um Gruppen von Jägern handelte, die sich oft bis zu mehrere

100 Meter in das Innere der Berge vorwagten, um dieses zu erforschen. Wenn wir uns dabei vor Augen halten, dass diese steinzeitlichen Forschungstrupps ohne Hilfsmittel wie Taschenlampen, Steigeisen oder moderne Seilvorrichtungen vorgehen mussten, muss ihre Leistung umso höher eingeschätzt werden.
Noch heute erfüllt uns stille Bewunderung, wenn wir durch die verzauberte Welt der Tropfsteinhöhle wandern, und es lässt sich erahnen, welche Ehrfurcht unsere Vorfahren empfunden haben dürften. Die Steinformationen der Lurgrotte sind ihres Zeichens stille Zeugen der Jahrtausende, wachsen sie doch durchschnittlich nicht mehr als ein bis zwei Millimeter pro Jahr.
Tropfsteine entstehen durch kalk- und mineralhaltiges Tropfwasser, das an haarrissfeinen Öffnungen austritt, und sie können als Deckenzapfen – Stalaktiten – oder Bodenzapfen – Stalagmiten – auftreten. Wenn sich an der Höhlendecke mehrere nebeneinander auftretende Haarrisse verdichten, kann es zur Bildung regelrechter Vorhänge kommen. Einzelne Tropfsteine können die Form von schlanken Kerzen haben oder auch zu bizarren Säulen ausgeformt sein. Die Wachstumsrate von Tropfsteinen ist nicht immer gleich, sondern stark von Temperatur, Jahreszeit und Pflanzenwachstum über der Höhlendecke abhängig.
Seltsame Tropfsteinformationen begegnen den Wanderern auf dem Weg ins Innere des Berges, es geht vorbei an Zwergen, Hexen und Märchengestalten, bis sie den Dom, die große Halle, mit seinen gewaltigen Abmessungen erreichen: er ist 120 Meter lang, 80 Meter breit und 40 Meter hoch. Bis vor wenigen Jahren wurden hier Konzerte und Veranstaltungen abgehalten, die die Atmosphäre und besondere Akustik der riesigen Halle im Berg nutzten. Mittlerweile sind diese kulturellen Aktivitäten jedoch nicht mehr gestattet. Der Anblick des Domes im Licht der Scheinwerfer ist grandios, die Vielfalt der Steinformationen und Felsen spricht wohl vor allem die Ästhetik an. Doch ist es vor allem auch die erhabene Ruhe, die dieser Ort ausstrahlt, die zum Verweilen einlädt und in Erinnerung bleibt.
Über den Grund des Domes gelangt man zu einem düsteren Teil des Höhlensystems, der bezeichnenderweise den Namen Geisterschacht trägt. Dieser Stollen liegt direkt hinter einigen der schönsten Tropfsteingebilde der Lurgrotte, dem so genannten Märchenreich. Die Atmosphäre des Ortes scheint sich jedoch auf dem weiteren Weg in die Tiefe schlagartig zu ändern. Schwarz und

Der Eingang zur Lurgrotte: Hier beginnt der Weg in die Tiefe der Höhle und gleichzeitig die Reise in die Geschichte der Erde.

unergründlich wirkt der Schacht alles andere als einladend, und sowohl Führer als auch Besucher berichten von dem unangenehmen Gefühl, das sie beim Betreten dieses Höhlenabschnittes beschleicht. Aus der Dunkelheit weht kühle Luft, und manchmal scheint es, als drängten Geräusche herauf, die sich nur schwer erklären lassen. Tatsächlich fand hier vor vielen Jahren ein Unfall mit traurigem Ausgang statt, wobei eine Höhlenforscherin den Tod fand. Eine Plakette an einer heute gesperrten Stiege erinnert an das Schicksal der Frau, was die ohnehin unheimliche Stimmung des Stollens verstärkt.

Das Reich der tropfenden Steine: Die Stille und Ruhe werden durch das stete Tropfen des Wassers eher unterstrichen als gestört.

Woran die seltsame Atmosphäre des Geisterschachtes tatsächlich liegt, lässt sich nicht rational erklären, es gibt jedoch noch einen Umstand, der besonders in diesem Bereich unangenehm ins Auge sticht. Eines der größten Probleme der Lurgrotte besteht darin, dass die Höhlenwanderer immer wieder besondere „Erinnerungsstücke“ mitnehmen, die aus abgebrochenen Tropfsteinen bestehen. Dabei werden über Jahrhunderte gewachsene Formationen zerstört und die verbleibenden Bruchstellen wirken wie amputierte Gliedmaßen, deren Narben nur schwer verheilen. Es ist auffällig, dass sich diese Zerstörung zwar nicht auf den Geisterschacht beschränkt, dort aber um ein Vielfaches verstärkt auftritt. Zwar versuchen die Führer diesem Vandalismus Einhalt zu gebieten, jedoch stehen auch sie der Ignoranz oft hilflos gegenüber.

Vom unheimlichen Geisterschacht führen ein paar Stufen hinauf in eine scheinbar gänzlich andere Welt. Ein schmaler Gang erlaubt den Eintritt in eine Felskammer, die von einem riesigen, hängenden Felsgebilde beherrscht wird: Der so genannte Riese ist der gewaltigste Tropfstein der Welt und hängt wie ein umgekehrter Megalith von der Höhlenwand. Seinen Namen verdankt die 40 Tonnen schwere Steinformation seiner beachtlichen Höhe von 13 Metern, und auch der Umfang von neun Metern weist den Stalaktiten unmissverständlich als Riesen aus.

Es ist eine seltsame Art von Stille, die den Raum erfüllt, und obwohl keine archäologi-

Der Riese, der gewaltigste Tropfstein der Welt, erfüllt den Betrachter mit stiller Bewunderung, steht er doch vor einem Zeugen von Jahrtausenden an Geschichte.

schen Funde auf eine menschliche Nutzung dieses Höhlenteils hinweisen, erinnert der Ort doch an urzeitliche Tempelanlagen, wie wir sie in anderen Teilen Europas finden können. So erscheint es auch nicht weiter verwunderlich, dass immer wieder Gruppen aus verschiedensten Teilen der Erde zu der steirischen Höhle kommen, um dort schamanistische Rituale zu feiern.

Mit ihren verschiedenen Stimmungen und ihrer atemberaubenden Schönheit vermag die Lurgrotte Menschen mit unterschiedlichsten Hintergründen anzuziehen, seien es nun Höhlenforscher, Biologen, Historiker oder aber einfach jene, die Interesse an der Natur und ihren Schönheiten haben. Das Rauschen des Wassers, die seltsamen Formen der Tropfsteine, die es vermögen, unsere Vorstellungskraft so sehr anzuregen, und die meist unsichtbaren Bewohner der unterirdischen Stollen und Gänge: Das alles trägt dazu bei, den Besuch der Höhle zu einem besonderen Erlebnis werden zu lassen, das uns auf verschiedenen Ebenen anzusprechen vermag – sei es nun auf rationale, ästhetische oder sogar spirituelle Art.

Berggeister: Silberbergwerk Oberzeiring, Erzberg und Schöckel

Oberzeiring ist ein kleiner Markt, nicht weit entfernt von Judenburg. Und wie der Ort kann auch das Oberzeiringer Silberbergwerk, für lange Zeit das größte der Steiermark, auf eine Geschichte von fast 1000 Jahren zurückblicken. Der Fund eines illyrischen Brandgrabes aus dem 10. Jahrhundert vor unserer Zeitrechnung zeigt jedoch, dass die Besiedlung der Region noch sehr viel früher begonnen hat.

Die erste urkundliche Erwähnung erfährt Oberzeiring allerdings erst im Jahr 1265, und wenig später erhält der Ort das Marktrecht. 1284 kam dann das Münzrecht hinzu, und der „Zeyringer Pfenning", eine Silbermünze aus dieser Zeit, kann noch heute besichtigt werden. Im 14. Jahrhundert kam es zu einer Tragödie im Inneren des Berges, als die Stollen durch einen Wassereinbruch überflutet wurden. Die Legende berichtet, dass dabei 1400 Bergleute ums Leben kamen. Seit dieser Zeit kann im Stollen kein Silber mehr abgebaut werden. Der Berg ist von natürlichen und künstlichen Gängen durchzogen, in denen jedoch kein Edelmetall mehr gefunden werden kann. Ab einer gewissen Tiefe sind die Stollen mit Wasser gefüllt, was ein weiteres Vordringen unmöglich macht. Obwohl Rohre verlegt wurden, konnte das Wasser nie lang genug abgepumpt werden, um das Rätsel der überschwemmten Gänge entschlüsseln zu können. Wegen der Enge der Stollen ist es auch nicht möglich, mit einem Sauerstoffgerät durchzutauchen. So wird der Berg seine Geheimnisse wohl nie gänzlich enthüllen – weder ob es tatsächlich noch Silber in den tiefen Stollen gibt, noch ob das Innere des Abbaugebietes tatsächlich zum Grab von mehreren 100 Knappen wurde.

Die alte Gürtelschnalle im Silberbergwerk Oberzeiring zeigt die Arbeit der Knappen, zeugt aber auch von deren Reichtum.

Im Jahr 1958 wurde ein Teil des Bergwerkes mit neuem Leben erfüllt, als der Fremdenverkehrsverein einen Stollen als Schaubergwerk wieder eröffnete. Heute ist das Museum ein beliebtes Ziel, das einen Ausflug in eine gänzlich andere Welt ermöglicht. Über 200 Stufen führen hinab in die Tiefe des Berges, der wahrscheinlich ursprünglich von einer Tropfsteinhöhle durchzogen war; durch mehrere Jahrhunderte des Bergbaus wurden die Steinformationen jedoch zerstört. So sind die langsam wachsenden Stalaktiten nicht mehr als sechs Zentimeter lang, was darauf hindeutet, dass sie nach besagter Tragödie und dem damit verbundenen Ende des Silberabbaus dort zu wachsen begonnen haben. Die Decke mancher Stollen ist von Ruß geschwärzt, ein beeindruckender Beweis dafür, dass die

Knappen mit ihren Talglichtern dort durchgekrochen sein müssen. Die Welt der mittelalterlichen Bergleute wird mit einem Mal begreifbar, wenn bei einer Führung die künstliche Beleuchtung abgeschaltet wird und sich eine Schwärze um den Besucher legt, die die Hand vor Augen unsichtbar macht. Heute mag dieser Moment in völliger Dunkelheit in uns ein Gefühl des angenehm gruseligen Schauers hervorrufen, für die Knappen und die extra zu diesem Zweck gezüchteten Grubenhunde war das Leben unter Tage jedoch hart und voller Entbehrungen. Die Lebenserwartung der Bergleute lag bei etwa 30 Jahren, und auch die tierischen Helfer verendeten weit früher als ihre Artgenossen an der Erdoberfläche. Der Umstand, dass viele von ihnen an Atemwegserkrankungen litten, erscheint beinahe zynisch, werden dieselben Stollen doch heute als Kurstätten für Lungenkrankheiten, bei Asthma und Allergien verwendet und verschaffen Jahr für Jahr Heilungssuchenden Linderung ihrer Beschwerden.

Während der Reise durch den Berg wird auch die Sage erwähnt, die sich um den Untergang des Bergwerkes rankt. Denn obwohl die Stollen unsagbare Reichtümer ans Tageslicht beförderten, waren die Knappen mit ihrem Lohn nicht zufrieden und stahlen Wild aus fremden Wäldern. Sie kleideten sich in Samt und Seide und speisten, wie es sonst nur Fürsten oder gar Könige taten. Eines Tages hatten 14 Bergmänner die Arbeit im Stich gelassen, um schändliche Streiche zu spielen, als ihnen plötzlich ein seltsames Wesen erschien. Das Männchen schien die Farbe des Mondlichtes zu haben, und die Augen in dem bärtigen Gesicht leuchteten feurig. Das Wesen stellte sich als Geist und Herr des Berges vor und warnte die Knappen, dass sie sich bessern sollten, sonst würde ein Unglück geschehen und die Stollen mit all ihren Schätzen würden im Wasser versinken. Eine Zeit lang nahmen sich die Männer diese Warnung zu Herzen, der Gesinnungswandel hielt aber nicht lange an. Ihre Ausschweifungen wurden immer wüster, und die Legende erzählt, dass die Bergleute mit Silberkegeln und Silberkugeln kegelten, weil ihnen hölzerne nicht genug waren. Einmal sollen sie sogar ein Kind ermordet und mit seinem Kopf Kegel geschoben haben, während die Großmutter des Knaben entsetzt zusehen musste. Die alte Frau verfluchte daraufhin die Knappen und das gesamte Bergwerk; zitternd ließ sie einen Becher mit Mohnkörnern aus der Hand fallen und sagte, dass es so viele Jahre kein Silber mehr geben sollte wie Körner auf dem Boden lagen.

Kurze Zeit später ereignete sich das Unglück: 1400 Bergmänner wurden von den Wassermassen ertränkt – und das, obwohl sie am selben Tag gewarnt worden waren. Ein tauber Mann hatte behauptet, ein seltsames Wasserrauschen wahrnehmen zu können, und ihnen geraten, nicht in die Grube zu fahren; die Knappen verlachten den Alten jedoch nur. 700 Ehefrauen sollen an diesem Tag zu Witwen gemacht worden sein, über 2000 Kinder zu Waisen.

Geschichten wie diese sind keine Seltenheit, berichten doch viele Sagen von überirdischer Gerechtigkeit und Strafe für begangene Freveltaten. Meist handelt es sich dabei um ei-

Den Reichtum, den der Erzberg, der Steirische Brotlaib, der Region bescherte, verdankte die Bevölkerung einem Wassermann.

ne Art Gottesgericht, seltener sind Naturgeister oder andere übernatürliche Wesen involviert.

Berggeister treten als Hüter und Bewahrer der Schätze der Erde auf, und sie entscheiden auch, wer würdig ist, diese zu bekommen. Wer sie und ihre Macht respektiert, der wird reich belohnt, werden die Gaben jedoch nicht gewürdigt, so sind die Konsequenzen abzusehen. Der Silberstollen von Oberzeiring ist nicht das einzige Bergwerk, das „untergegangen" ist, und die Legenden, die sich um diese Tragödien ranken, sind verblüffend ähnlich. Von Kalwang, Saggraben und vom Pfaffenstein werden fast dieselben Geschichten erzählt wie über die Zerstörung der Silberminen in der Obersteiermark.

Dies untermauert die Annahme, dass der Glaube an die Existenz von Berggeistern ein fester Bestandteil der Lebenswelt der Bergleute war – und zum Teil noch immer ist –, und es war ein Grundbedürfnis, sich gut mit ihnen zu stellen, denn die Arbeit unter Tage ist seit jeher gefährlich und hat über die Jahrhunderte eine große Anzahl von Opfern gefordert.

In diesem Zusammenhang lässt sich noch eine weitere Sage aus dem Steirerland anführen, die auf den Umgang mit den Berggeistern – und damit mit der Natur an sich – anspielt:

Als ich in der Volksschule war, da haben wir viel von den Sagen aus der Steiermark gelernt, wobei ich aber die meisten schon wieder vergessen habe. Eine ist mir aber ganz besonders in Erinnerung geblieben, irgendetwas davon hat sich mir besonders eingeprägt, auch wenn ich nicht so genau weiß, was mich daran so berührt hat. Ich glaube, es ist die Idee, dass die Natur sich eben rächt, wenn man ihr nicht mit Respekt gegenübertritt und sie nicht behandelt, wie es ihr gebührt.
Als ich studiert habe, bin ich in die Gegend von Eisenerz ausgependelt, und da bin ich auch öfter zum Erzberg gefahren. Ich habe mir immer Stellen ausgesucht, von wo aus man den Abbau gut sehen konnte. Es schaut ja regelrecht aus, als hätten sie Stücke aus dem Berg gebrochen, den Berg einfach kaputt gemacht. Irgendwie hat das schon was richtig Gewaltsames, und ich muss immer wieder an die Sage denken, wie der Berg entdeckt worden ist. Einmal habe ich versucht, den Teich zu finden, wo diese Geschichte stattgefunden haben soll. Dass sie dort einen Wassermann gefangen haben, der sich seine Freiheit quasi erkauft hat, indem er den Burschen Bodenschätze versprochen hat: Gold für zehn, Silber für 20 Jahre oder Erz für immer, soweit ich mich erinnern kann. Ich habe mich immer geärgert, dass diese Typen auch noch dafür belohnt werden sollten, dass sie sich so brutal benommen haben. Darum mag ich die Version so, wo der Wassermann die Burschen dann auslacht, als er verschwindet, weil sie nicht nach dem gefragt haben, was wirklich wichtig ist. Ich weiß nicht einmal mehr, was das war, nach dem sie fragen hätten sollen, aber ich finde, dass die Sage ziemlich gut unseren Umgang mit der Natur spiegelt. Wir sind einfach zu gierig, um zu kapieren, worauf es wirklich ankommt. Würde der Wassermann heute ins Netz gehen, die Geschichte würde wohl nicht wirklich anders ausgehen. Aber der ist ja seither nicht mehr gesehen worden, kein Wunder bei der Behandlung!

In Eisenerz wird das Fest der hl. Barbara von den Bergmännern noch traditionsgemäß begangen.

(Anna, in den Dreißigern, Bruck)

Der Teich, von dem hier die Rede ist, befindet sich in der Nähe des Leopoldsteiner Sees zwischen Hieflau und Eisenerz und trägt den Namen Schwarze Lack'n. Die Sage erzählt tatsächlich davon, dass vor vielen 100 Jahren hier ein Wassermann wohnte, der von Burschen aus der Umgebung gefangen wurde und für seine Freilassung teuer bezahlen musste.

Der Teich liegt nicht unweit einer Straße, und selbst wenn das Wesen nicht schon vor Jahrhunderten von dort verschwunden wäre, so wäre das Wasserloch spätestens heute kein Ort mehr, an dem sich ein Naturgeist wohl fühlen könnte.
Die Geschichte um die Entdeckung des Erzberges ist überaus rätselhaft, denn obwohl der Wassermann gezwungen wird, ein Geheimnis preiszugeben, bleiben die wahren Fragen doch ungelöst. Der Preis für das Erz ist damit unerwartet hoch, denn ohne das Wissen des Naturgeistes ist der Abbau des Bodenschatzes überaus gefährlich und der Verlust von Leben unvermeidlich. Auch die hl. Barbara, die als Schutzpatronin der Bergleute angerufen wird, kann an dieser Tatsache nichts ändern. In Vordernberg, dem Ort, der auf der anderen Seite des Erzberges liegt, begegnen wir einer besonders intensiven Verehrung dieser Heiligen. In den Barbara-Sälen finden alle großen Veranstaltungen der Gemeinde statt, und in der nahe gelegenen Brauerei von Göss wurde der Heiligen zu Ehren in den letzten Jahren sogar ein Barbara-Bier gebraut.

Der Eingang ins Reich des Bergkönigs auf der Weizer Seite des Schöckels: Im Inneren des Berges warten unermessliche Reichtümer.

Neben den eher dunklen Aspekten der Naturwesen gibt es aber auch Orte, deren Hüter als wohlwollend und helfend erscheinen. Einer davon ist der Schöckel, dessen Berggeist in einem gänzlich anderen Licht erscheint.
Wer den Berg von der Weizer Seite her besteigen möchte, der wird vielleicht an jener Felsspalte vorbeikommen, die als Eingang in das Reich des Bergkönigs dient. Der Aufstieg über diesen Pfad ist steil und nicht ganz ungefährlich und zeigt den Schöckel als beeindruckenden Berg, dessen Stimmungen jene oft subtilen Wechsel der sich ständig wandelnden Jahreszeiten widerspiegeln.
Vor langer Zeit soll ein Bauer zwei zwielichtigen Gestalten in die Schöckelgegend gefolgt sein, weil er annahm, dass die Fremden auf der Suche nach Bodenschätzen seien. Er stellte die beiden bei einer Felsspalte, den Männern gelang es aber, den Bauern in einen Abgrund zu stürzen, wo er unverletzt, aber bewusstlos liegen blieb. Als er wieder erwachte, fand er sich in völliger Finsternis wieder und erkannte bald, dass es keinen Sinn hatte, um Hilfe zu rufen. Plötzlich ertönte eine zauberhafte Musik, der er folgte, und er glaubte seinen Augen nicht trauen zu können, als er sich in einer prächtigen, mit Edelsteinen geschmückten Halle wiederfand. Auf einer Barke erschien ein wunderschöner Jüng-

Der Schöckel: Heimat mehrerer Berggeister, aber auch Versammlungsort wilder Hexen und Kobolde.

ling, der sich als der Geist des Berges vorstellte und nach dem Begehr des Mannes fragte. Als dieser seine Geschichte erzählte, wurde der junge Fremde fast wütend, wollte er doch nicht glauben, dass der Bauer nicht gekommen war, um die Schätze des Berges zu nehmen. Erst nachdem der ehrliche Mann ihm bewiesen hatte, dass sich nichts als Sand und Schlamm in seinen Taschen befand, zeigte sich der Geist gütlich und forderte den Besucher auf, den Schmutz als Andenken an den Herrn des Berges mit sich zu nehmen.

Wieder verlor der Bauer die Besinnung und wachte später vor dem Höhleneingang auf, von wo er erschöpft nach Hause wanderte. Dort angekommen, entdeckte er, dass seine Taschen nicht mehr mit Sand und Schlamm gefüllt waren, sondern mit Gold – ein Geschenk des Berggeistes als Zeichen seiner Freude, dass jemand nicht seiner Schätze wegen zu ihm gekommen war.

Der Grazer Hausberg ist im Volksglauben Heimat mehrerer Geisterwesen. Bei Spaziergängen auf dem Schöckel können uns das Feuermännlein, der Schöckelkobold, die Weiße Frau oder auch die Schöckelhexe begegnen. Der Sagenreichtum des Berges hat den Sprachgebrauch der Steiermark nachhaltig geprägt. Wilde Mädchen und Frauen mit unordentlichem Haar werden noch heute als Schöckelhexen bezeichnet.

Die Drachenhöhle von Mixnitz

Fährt man von Graz nach Bruck, kommt man an einem Ort vorbei, dessen Geschichte viele 1000 Jahre in die Vergangenheit zurückreicht. Das Drachenloch, auch Drachenhöhle von Mixnitz genannt, ist eine von vielen beeindruckenden Höhlen, die die Steiermark zu bieten hat. Die Höhle kann heute mit Führungen des Pernegger Fremdenverkehrsvereines besichtigt werden, von einem Erkunden auf eigene Faust ist allerdings dringend abzuraten, weil die Gänge im Berginneren zwar größtenteils, aber nicht gänzlich ungefährlich sind. Der Aufstieg zum Eingang der Höhle lohnt sich auf jeden Fall – und sei es auch nur, um den Ausblick auf das Umland zu wagen. Die erste Expedition in die Höhle in der Nähe von Röthelstein fand offenbar bereits im 14. Jahrhundert statt, es dauerte jedoch bis 1973, bis die Höhle durch Experten erforscht wurde. Archäologische Funde zeigen, dass der Ort in grauer Vorzeit eine Zuflucht für Mensch und Tier war, was nicht zuletzt durch Knochenfunde bewiesen werden kann. Genau diese Funde sind es auch, denen die Höhle ihren Namen verdankt – auch wenn hier ein historischer Irrtum vorliegt. Die Überreste von Höhlenbären, einer Gattung, die zur Zeit der Höhlenbegehung bereits längst ausgestorben war, verleiteten unsere Vorfahren, diese für die Knochen von Drachen zu halten, wodurch auch die Sagen verständlich werden, die sich um die Höhle und ihre Umgebung ranken.

In vergangenen Zeiten soll die Höhle nämlich von einem Lindwurm bewohnt gewesen sein, der Land

Eine historische Ansicht der Drachenhöhle von Mixnitz – hat hier einst ein Lindwurm gehaust? Lithographie eines unbekannten Künstlers.

Seit jeher beflügeln Drachen die Fantasie der Menschen: „Der hl. Georg im Kampf gegen den Drachen". Gemälde von Paolo Uccello (1397–1475), dem Vater der Perspektive. Nationalgalerie London.

und Leute in Angst und Schrecken versetzte. Das Untier riss Tiere aus den Herden der oft ohnehin armen Bauern und tötete auch einen Halterbuben. Ein reicher Bauer setzte eine hohe Belohnung auf das Tier aus. Doch niemandem gelang es, das Ungetüm zu besiegen, viele tapfere Männer wurden im Laufe der Zeit verwundet oder kehrten nie mehr zurück. So fanden sich auch bald keine Kämpfer mehr, die es mit dem Drachen aufnehmen wollten.

Der Ziehsohn des Bauern wollte sich mit der Schreckensherrschaft des Wurmes jedoch nicht zufriedengeben und begann, den Unterschlupf des Tieres auszukundschaften. Er fand den Weg, den das Vieh nutzte, um ins Tal zum Bach zu gelangen, und erkannte, dass alle spitzen Steine sorgfältig aus dem Weg geschafft worden waren. Dies ließ die Schlussfolgerung zu, dass der Bauch des Wurmes durchaus empfindlich sein musste. So ersann der junge Mann eine List: Er grub scharfe Werkzeuge in den Boden ein, sodass ihre Spitzen aus dem Boden ragten und den Bauch des Monsters zerschnitten, als dieses zum Wasser kriechen wollte. Der Lindwurm

verendete unter wüstem Zucken, und das Land war von der Gefahr befreit.
Geschichten von Drachen und Lindwürmern lassen sich in der Steiermark zahlreiche finden, und nicht selten sind die mythischen Wesen sogar mit der Entstehungsgeschichte ganzer Dörfer verbunden. Die Erzählungen ähneln einander bis zu einem gewissen Grad: Meist leben die Untiere in Höhlen und tyrannisieren das Umland, indem sie Menschen und Tiere töten oder Dörfer und Städte in Schutt und Asche legen. Manchmal sind es die Drachen, die den Sieg davontragen, öfters schaffen es aber wackere Helden wie zum Beispiel der hl. Georg, das Untier zu erlegen.
Der Ursprung vom Mythos der Drachen kann nicht genau geklärt werden. Noch heute befasst sich die Naturwissenschaft mit der faszinierenden Frage, welche Wesen die Einbildungskraft der Menschen derart beflügelt haben könnten, damit ein so machtvolles Bild wie jenes des Drachen entstehen konnte. Zwar finden sich in manchen Regionen Tiere, die das Aussehen des mythischen Ungeheuers zu imitieren scheinen, diese sind jedoch selten mehr als einige Zentimeter groß. Fest steht aber, dass Geschichten über Drachen und drachenähnliche Wesen auf der ganzen Welt vorkommen. Knochenfunde von prähistorischen Tieren haben die Phantasie auf jeden Fall angeregt – wie im Falle der Drachenhöhle von Mixnitz –, aber auch das reicht nicht aus, um die Sagen gänzlich zu erklären. In der Welt der Mythen sind Drachen wie Berggeister Hüter großer Schätze, und oft verleiht ihr Blut Unverwundbarkeit, wie die Nibelungensage uns erzählt. So erschlägt der junge Siegfried dort eines dieser Ungetüme, und erst das Bad in dessen Lebenssaft macht ihn unverwundbar. Hans von der Sann sieht den wüsten Kampf gegen die Wesen als „eine Versinnlichung der Menschheit gegen die übermächtigen Kräfte der Natur". Diese Deutungsweise passt auch zum Umstand, dass gerade Höhlen als Heimat der Untiere betrachtet werden, sind es doch auch unglaubliche Kräfte, die jene Orte geschaffen haben.
Einen anderen Aspekt zeigt die Mythenforscherin Barbara Walker auf, denn sie bringt die Monstren mit der Spiritualität unserer Vorfahren aus prähistorischer Zeit in Verbindung. Der „Wurm, der niemals stirbt" soll das Gesicht der Mutter Erde als Leichenfresserin gewesen sein, und das altnordische Wort mathkr (Made) dürfte denselben Wortstamm haben wie das Wort für Mutter. In diesem Zusammenhang gewinnt die Geschichte der Drachentötung des hl. Georg eine zweite, tiefere Bedeutung, erzählt sie doch von der Verdrängung einer Religion durch die andere.
So mag es auch nicht verwundern, dass der Lindwurm im Christentum lange Zeit auch ein Synonym für den Teufel war, der in verschiedenartiger Tiergestalt auftreten konnte. Eine seiner Erscheinungsformen ist die Schlange, die eng mit Drachen und Lindwürmern verwandt ist – nicht zuletzt durch ihre schuppige Haut. Und es ist auch, wie wir wissen, die Schlange, die Eva zum Genuss der verbotenen Frucht verleitet.
Vielleicht ist es gerade das ungelöste Rätsel, das die wilde Magie jener Orte speist, die einst von Drachen bewohnt gewesen sein

sollen. Deren atemberaubende Schönheit und die zeitlose Mystik bleiben unbeeindruckt von menschlichen Deutungsversuchen. Nicht umsonst lädt die Gemeinde Pernegg zu einem Besuch in der Drachenhöhle im Rahmen ihres Tourismuskonzeptes „Mystisches Pernegg“ ein.

In der Drachenhöhle zu Mixnitz wurden mehr als 200 Tonnen Höhlenbärenknochen gefunden. Über lange Zeiträume müssen immer wieder Bären diese Höhle als Winterquartier aufgesucht haben, man nimmt an, dass die Funde von über 50.000 Tieren stammen. Die Knochen dieser großen Säugetiere gaben im Mittelalter nicht nur Gerüchten und Legenden um Lindwürmer und Drachen Nahrung, sondern wurden auch als Fundstücke von hier verstorbenen Einhörnern gedeutet. Bis ins 19. Jahrhundert wurden die Funde von Forschern und Wissenschaftlern zum Teil als Einhornknochen beschrieben.
Die ersten überlieferten Beschreibungen von Einhörnern stammen aus vorchristlicher Zeit. Am persischen Hofe um 400 vor unserer Zeitrechnung bezeichnen die königlichen Leibärzte das sagenhafte Wesen, das seit damals für lange Zeit ein fester Bestandteil des naturwissenschaftlichen Bestiariums war, als heilkräftig. Das Einhorn sei etwa pferdegroß, von weißer Farbe und trage auf der Stirn ein Horn, das wundertätig sei. Nur Jungfrauen könnten sich ihm nähern, denn zu deren Füßen würde sich die mythische Kreatur niederlassen, weil es von ihrer magischen Unberührtheit angezogen würde. Das Einhorn hat in Kunst, Literatur, Mythologie und Heraldik Einzug gehalten und gilt auch heute noch als Symbol für Schutz, Heilung, Kraft, Reinheit und für die machtvolle Präsenz des Unvorstellbaren.
In den Apotheken des Mittelalters wurden Einhornknochen als Allheilmittel verkauft. Sie sollten, zu Pulver zerstoßen und mit Silber oder Gold vermischt, jede Krankheit heilen können und galten als begehrte, wenn auch für den Großteil der Bevölkerung unleistbare Kostbarkeit. Es gilt als gesichert, dass das vermeintlich „echte“ Einhornpulver fast immer aus dem Horn des Mammuts gewonnen wurde. Allerdings waren solche Mammutfunde äußerst selten, und so begann man, nach einem Ersatz zu suchen. Bald wurden die nicht so seltenen Überreste von Höhlenbären von Händlern und Wunderdoktoren als Einhornknochen gehandelt, da die spitzen und langen Eckzähne der Bären eine Ähnlichkeit mit dem wundertätigen Horn aufwiesen. Als auch die Bärenknochenfunde zurückgingen, begann man, das gedrehte Horn des Narwals zu importieren.

Folgendes Rezept ist als Heilmittel gegen die Pest überliefert:

Bezoardisches Schweißpulver:

Gegrabenes Einhorn	*1 Pfund,*
Hirschhorn ohne Feuer präpariert	*1 Pfund,*
Armenischen Bolus	*1 Pfund,*
Krebsaugen	*1 Pfund,*
Gereinigten Saliter	*? Pfund,*
Schwefelblüthe	*? Pfund,*
Kampfer	*4 Loth*

Dieses alles zu feinem Pulver gemacht.

Der Grimming, der beherrschende Berg des Ennstals, wurde in alten Zeiten als „mons Styriae altissimus" bezeichnet und seit jeher kreisen um diesen Gebirgsstock mythische Gedanken. Holzstich nach Richard Püttner, 1880.

Die Mitte Österreichs: Pürgg und Grimming

Folgen Reisende dem Flussbett der Enns in westlicher Richtung dem Salzburger Land zu, so eröffnet sich ihnen eine malerische Landschaft. Die Tage sind hier zumeist kühler als weiter im Süden, denn die hoch aufragenden Gebirgswände lassen kaum Sonnenstrahlen in die Täler dringen. Die Wolken hängen oft tief um die Gipfel der Berge, und der Winter ist hier kälter und strenger als anderswo. Dennoch bietet sich dem Auge eine Fülle von Grün, welches sowohl von den von Menschenhand bestellten Wiesen und Feldern stammt als auch auf die dunkleren, wilderen Grüntöne der höheren Lagen zurückzuführen ist. Über 80 Prozent der Gebirge in Österreich sind nicht land- bzw. kulturwirtschaftlich nutzbar, und an Bergen gibt es in der Mitte Österreichs viel. Das exakte geografische Zentrum Österreichs befindet sich in Bad Aussee, wo der 1989 errichtete „Mittelpunktstein" auf einem Marmorsockel die Blicke der zahlreichen Gäste anzieht. Messungen sollen ergeben haben, dass der Ort eine rechtsdrehende energetische Strahlung aufweist.

„Enns Grimming Land" nennt sich jene Region, die die Gemeinden Donnersbachwald, Donnersbach, Aigen, Irdning, Stainach, Lassing, Pürgg-Trautenfels, Liezen, Weißenbach und

Peter Rosegger nannte Pürgg das „Kripperl der Steiermark", einst soll sich an diesem Kraftort jedoch eine vorchristliche Kultstätte befunden haben.

Wörschach umfasst. Von diesen hat Lassing in den letzten Jahren traurige Berühmtheit erlangt, als bei einem Grubenunglück, trotz intensiver Bemühungen um eine Bergung, alle verschütteten Bergleute bis auf einen den Tod fanden. Wir wenden unseren Blick jedoch in den Nordwesten der Region, nach Pürgg-Trautenfels.

Gegenüber der Ortschaft liegt das majestätische Massiv des Grimmings, im Norden steigen die Wände des Toten Gebirges an, weiter im Westen erhebt sich der Dachstein, der höchste Berg der Steiermark. Dazwischen eingebettet liegt Pürgg, ein kleiner Ort mit nur etwas mehr als 1000 Einwohnern. An die Wände der Berge geschmiegt, bietet die kleine Ortschaft bei Schönwetter einen heimelig anmutenden Anblick, der den Heimatdichter Peter Rosegger dazu bewog, Pürgg als das „Kripperl der Steiermark" zu bezeichnen. Die Geschichte der Region ist alt und lässt sich, durch zahlreiche Fundstücke belegt, bis in die Steinzeit zurückführen. Die ältesten Höhlenfunde gehen zurück auf die

Jäger und Sammler der Altsteinzeit vor etwa 50.000 Jahren. Möglicherweise haben wir es bei einigen Entdeckungen mit den Überresten einer Gesellschaft zu tun, die einem Bärenkult anhing – diese Theorie ist jedoch nicht einwandfrei belegbar. In Pürgg selbst wurden Spuren menschlicher Besiedlung gefunden, die in die Jungsteinzeit fallen. Die Ansiedlungen dieser Gegend waren in jener Zeit durch ihre verkehrsgünstige Lage bevorzugt, lagen sie doch am Kreuzungspunkt wichtiger Handelsrouten in das nahe gelegene Hallstatt.

Heute ist Pürgg ein beliebter Ausflugsort und neben der reizvollen Landschaft vor allem wegen seiner Kirche und der Johanneskapelle berühmt. In Pürgg fahren keine Autos, und so kann die kleine malerische Ortschaft, die eben einem Bilderbuch entstiegen scheint, gemütlich zu Fuß erkundet werden. Die Pfarrkirche zum hl. Georg soll ursprünglich der Jungfrau Maria geweiht gewesen sein. Sie wurde im 12. Jahrhundert erbaut und erhielt einen Turm, der trutzig aufragt, wie es bei manchen romanischen Kirchenbauten der Fall war. Auch die gotischen Anpassungen am Gotteshaus änderten nichts an seinem wehrhaften Aussehen. In der Turmkammer befindet sich die Katharinenkapelle, die für die Bekanntheit der Kirche verantwortlich ist. Die darin befindlichen Fresken wurden erst in den 60er-Jahren des vorigen Jahrhunderts freigelegt, obwohl sie vor bereits 300 Jahren entdeckt worden waren. Die obere Bildreihe dieser Wandmalereien stellt Szenen aus dem Leben und Wirken der hl. Katharina dar, die als Schutzherrin der Wissenschaft und auch als Beschützerin vor schlechtem Wetter gilt. Weiters finden sich Bildnisse von Margarethe und Barbara in der Kirche, sodass wir hier alle „Drei heiligen Madeln“ vereinigt sehen. Die untere Bildreihe der romanischen Fresken ist dem Leben Jesu gewidmet und beinhaltet, so vermuten die Forscher, ägyptische Symbole, die auf die Darstellung von Initiationsriten schließen lassen – diese Interpretation gilt allerdings als sehr umstritten.

Noch berühmter als die Pfarrkirche von Pürgg ist die steinerne Johanneskapelle. Das Kirchlein wurde auf einem Hügel erbaut, der östlich der Ortschaft liegt und den kurzen Aufstieg wegen der herrlichen Aussicht allemal lohnt: Wer ihn erklommen hat, wird mit einem wunderbaren Rundblick belohnt. Die herausragende Lage scheint wie geschaffen für kultische Verehrung, was jene Hypothese erklärt, dass der Ort auch schon in vorchristlicher Zeit für spirituelle Zwecke genutzt worden sein könnte. Die Kapelle, die wir heute dort sehen, wurde wahrscheinlich als Taufkapelle errichtet und zählt zu den ältesten Bauwerken der Romanik. Später diente sie als Kalvarienbergstation, worauf auch die drei Kreuze an der Rückseite des Gotteshauses verweisen. Die Wetterseite, die zum Grimming schaut, ist zusätzlich mit Holzschindeln verkleidet, um vor den Unwettern aus dem Westen zu schützen. Berühmtheit hat die Kapelle jedoch nicht wegen der Aussicht erlangt, sondern wegen ihrer etwa 850 Jahre alten Wandmalereien. Diese waren ebenso wie jene in der Pfarrkirche unter dem Anstrich verborgen, stammen aus dem

Inmitten der rauen, abgeschiedenen Bergwelt der Obersteiermark arbeiteten um das Jahr 1160 in der Johanneskapelle byzantinische Künstler.

12. Jahrhundert und gelten als die bedeutendsten romanischen Fresken der Steiermark.
Abgesehen von der Kunstfertigkeit und dem Alter der Wandmalereien faszinieren vor allem ihre Themen und die Symbolik. Die Darstellung im Kuppeldach von Jesus als Lamm beherrscht das runde Deckenfresko, das auch die vier Evangelisten zeigt. Die Rundbogenfenster werden von gemalten Vorhängen geschmückt. Eine „Maria mit dem Spinnrocken" bei der Verkündigung deutet auf oströmische, wenn nicht sogar noch ältere Wurzeln hin. Seltsam erscheint jedoch, inmitten dieser christlichen Symbole des Abendlandes, ein Band aus Schriftzeichen, die neunmal den Namen Allahs darstellen. Als wäre die Existenz eines solchen Schriftzuges in einem christlichen Gotteshaus nicht schon ungewöhnlich genug, so befindet sich diese Anrufung auch noch über dem Eingang zum Allerheiligsten. Bei diesem verblüffenden Nebeneinander von heiliger Symbolik aus verschiedenen Epochen und Religionen drängt sich die Frage auf, wie diese Vielfalt im Inneren einer Taufkapelle seit Jahrhunderten beste-

Umgeben von christlichen Symbolen findet sich in der Johanneskapelle ein Band aus Schriftzeichen, die neunmal den Namen Allahs darstellen. Auch die Bedeutung der Fresken, die den Katzen-und-Mäuse-Krieg zeigen, ist nicht restlos geklärt.

hen kann, sich jedoch in der Welt nicht verankern konnte. Dass nämlich die katholischen Machthaber der Region sehr konsequent und strikt im Verfolgen ihrer Ziele waren, zeigt die gewaltsame Zerstörung der evangelischen Kirche unten im Tal, die der Burgherr von Trautenfels, das damals noch Neuhaus hieß, zur Zeit der Reformation erbauen ließ. Als die Söldnertruppen des Landesfürsten im Jahr 1599 die Gegend verließen, war die Kirche Neuhaus nur mehr eine Ruine, auf der ein Galgen errichtet wurde. Auch der Name Heidentempel für die Überreste des protestantischen Gotteshauses hielt sich lange.

Doch zurück zur Johanneskapelle. Das berühmteste, seltsamste und noch immer nicht vollständig entschlüsselte Wandbild ist der Kampf zwischen Katzen und Mäusen. Mäuse scheinen eine Burg gegen den Angriff von Katzen zu verteidigen, darüber thronen zwei gekreuzte Balken. Die Geschichte vom „Katzen-Mäuse-Krieg" geht auf äsopsche Fabeln zurück und galt von der Antike bis ins Mittelalter als beliebtes Sujet in der Kunst. Jedoch ist in der Ursprungsfassung von nur einer Katze die Rede, die von mehreren Mäusen angegriffen wird. Die Fresken zeigen den Ausgang des symbolischen Kampfes der Schwachen gegen die Starken aber nicht. Es wird jedoch allgemein angenommen, dass der Sieg von den verteidigenden Mäusen errungen wird. Da Katzen im Mittelalter auch als Teufelsgetier gesehen wurden, könnte der Angriff der Raubtiere somit für den heidnischen Ansturm gegen den „wahren" Glauben stehen. Katzen sind nachtaktive Tiere, was sie auch gleich verdächtig machte, mit den dunklen Mächten in Verbindung zu stehen. Daraus entstand der Mythos von der gefährlichen, dämonischen Katze. Nicht umsonst erscheint auch der Teufel des Öfteren in Gestalt einer Katze.

Seltsam und ins Auge springend mutet gerade in diesem Kontext auch der Schild an, den sich eine Katze auf den Rücken geschnallt hat, nachdem eine ihrer Verbündeten von einem Balken erschlagen worden ist. Hierbei könnte es sich um einen Hinweis auf die Kreuzzüge handeln. Auch die gekreuzten Balken lassen sich nicht ganz klar deuten. Sehen wir hier ein verschobenes Kreuz, oder soll eine verkehrte Welt gezeigt werden?

Nicht weit entfernt von Pürgg steht das schon erwähnte Schloss Trautenfels, das Mitte des 13. Jahrhunderts erstmals als Burg Neuhaus urkundlich erwähnt wird. Im 17. Jahrhundert kam das Schloss in den Besitz der Grafen Trautmannsdorf und wurde in der Folge barock ausgestaltet. Heute lassen sich Teile der ursprünglichen Burgmauern im Rahmen des Museumsbetriebes des Schlosses besichtigen, das zu einem Landschaftsmuseum der Region wurde. In den Jahren 1988 bis 1992 wurde die barocke Anlage generalsaniert und bietet nun den Eindruck eines durchdachten Gesamtkunstwerkes. Elf Ausstellungsräume widmen sich verschiedenen Bereichen aus der Geschichte, Natur und Kultur; wechselnde Sonderausstellungen sind jeweils einem Themenschwerpunkt gewidmet. Im Schlosshof ist ein bronzezeitlicher Kupferschmelzofen zu besichtigen, dessen Baupläne aus archäologischen Grabungen rekonstruiert wurden.

Alle der weltlichen und kirchlichen Macht gewidmeten Bauten können jedoch nicht darüber hinwegtäuschen, wer die wahre Herrschaft über diese Gegend ausübt. Die Gebirgszüge und Bergkuppen, die gewaltig in den Himmel ragen, führen dem Menschen klar vor Augen, wie erhaben, unbegreiflich und überwältigend die Naturgewalten sind. Zwar erheben sich rund um Pürgg-Trautenfels viele Gipfel, doch ein Berg dominiert in seiner felsigen Einsamkeit Land und Leute der Region: der Grimming.

Lange Zeit galt der verkarstete Gebirgsstock als der höchste Berg der Steiermark, trotz seiner relativen Nähe zum beinahe 650 Meter höheren Dachstein, und er wurde sogar mit dem fälschlichen Beinamen „Styriae mons altissimus" geschmückt. Seine Besteigung galt lange Zeit als äußerst gefährlich, und allerlei Bergsteigerlegenden ranken sich um die ungastlichen Wände des Grimmings. Von den Einheimischen Grimma genannt, offenbart der felsige Klotz schon eher die möglichen Ursprünge seines Namens. Wetterberg oder Donnergipfel könnte sein Name, abgeleitet vom slawischen grmnik – wo der Donner grollt – bedeuten. Dass sich in der Region höhere Gipfel und noch viel mehr steinerne Meere befinden, tut der herausragenden Stellung des Grimmings keinerlei Abbruch. Er übernimmt in dieser Welt der Berge eine ordnende Funktion. Einsam und mächtig beherrscht er das Ennstal zwischen Gröbming und Stainach und hat nicht nur Bergsteigersehnsüchte, sondern auch die Sagen und Legenden der Mitte Österreichs geprägt.

In der Südwand, nicht weit oberhalb der Baumgrenze, liegt das sagenumwobene Grimmingtor. Dieses ist eine tatsächlich weithin gut sichtbare Felsformation, die seit vielen Generationen die Phantasie der Menschen beflügelt. Weit über die regionalen Grenzen hinaus erlangte das Grimmingtor Berühmtheit durch den gleichnamigen Roman (1926) der Schriftstellerin Paula Grogger, in welchem sich Sage und Erzählung zu einer fiktiven Familiengeschichte verweben. Heute dient das Öblarner Wohnhaus der Autorin als Museum.

Es gibt viele Geschichten, die der Volksmund über das Grimmingtor erzählt. Ihnen allen ist gemein, dass das Tor der Eingang zu einer Höhle in den Berg sein soll, welches sich nur einmal im Jahr für kurze Zeit öffnet, meist während des Läutens der Kirchenglocken zu Fronleichnam. Jene, die das Tor durchschreiten, müssen bis zum Ende des Geläuts wieder im Freien sein, da sie sonst im Inneren des Berges gefangen sind. Wer als Hüter oder Hüterin des Berges auftritt, ist jedoch von Sage zu Sage verschieden, genau wie das Schicksal der Menschen, die die unermesslichen Schätze aus dem Inneren des steinernen Wächters bergen wollen. Vor allem erwachsene Männer und übermütige Burschen suchen zumeist umsonst nach der richtigen Zeit und müssen unverrichteter Dinge wieder ins Tal steigen. Sofern sie das Tor aber finden, verschwinden sie darin und kehren nicht wieder zurück. Nur äußerst selten gibt der Berg sein Geheimnis preis und lässt einen Menschen eintreten und danach wieder in seine Welt zurückkehren.

Es scheint, als müssten die Suchenden reinen Herzens sein oder zumindest nicht bewusst nach den Schätzen des Grimmings suchen, um die Prüfung des Berges zu bestehen. Davon erzählt eine Sage von einem Hirtenbuben, der beim Weiden der Schafe auf den offenen Eingang zu dem unterirdischen Reich stößt. Ein altes Männlein mit langem Bart führt den Hirtenjungen in der Höhle umher und zeigt dem Staunenden die goldenen Zapfen, die in der Höhle wachsen. Beim Betrachten all des Goldes wird der Knabe jedoch müde und schläft inmitten der Schätze ein. Als der Junge wieder erwacht, ist er allein, und er verlässt das Berginnere durch das offene Tor. In der Nähe trifft er auf einen anderen Hirten. Im Gespräch stellt sich heraus, dass der Hirtenknabe ein volles Jahr im Reich des Herrn der Berge zugebracht hat.

Hier offenbart sich eine weitere Gemeinsamkeit der verschiedenen Erzählungen: Die Zeit im Berginneren scheint wesentlich rascher zu vergehen als die äußere Zeit der Menschenwelt. Dieses Motiv der „anderen Zeit" begegnet uns in vielen Mythenkreisen jedes Mal dort, wo Sterbliche das Reich von Feenwesen oder Naturgeistern betreten. Dieses Reich kann je nach Mythenhintergrund und Region entweder am Grunde eines Gewässers, in einem Hügel unter der Erde oder eben im Inneren eines Berges liegen. Obgleich der Herr der Berge, den ja auch Ferdinand Raimund mit seiner Figur des strengen und gerechten Alpenkönigs heraufbeschwört, öfters als männliche Figur auftritt, gibt es auch Varianten, in denen die Holde oder Weiße Frau die Hüterin der Geheimnisse ist.

Eine solche Sage erzählt von einer armen Frau, die – dem Hungertod nahe – mit ihrem kleinen Kind mehr oder weniger durch Zufall das geöffnete Grimmingtor findet. Im Inneren des Berges sieht die völlig verwunderte Frau goldene Zapfen blinken und leuchten. Sie erkennt, dass sie der Not ihres Lebens ein Ende setzen kann, wenn sie sich hineinwagt und etwas vom strahlenden Reichtum für sich und ihr Kind nimmt. Voller Freude eilt sie in den Berg, setzt ihre Tochter ab, damit sie die glatten Zapfen tragen kann, und eilt mit dem Gold ins Freie. Als sie aber den Schatz zu Boden gleiten lässt und sich umwendet, um ihr Kind zu holen, muss sie mit Entsetzen zusehen, wie das steinerne Tor sich gerade wieder schließt. Alles Weinen, Pochen und Hämmern gegen die felsige Wand ist vergebens – das Tor bleibt verschlossen. Sie verflucht den Glanz des Goldes, der sie ihren wahren Schatz gekostet hat, und steigt verzweifelt ins Tal ab. Nach einem Jahr der Trauer kehrt die unglückliche Frau noch einmal an die Stelle zurück, um ihr totes Kind aus dem Berg zu holen und es wenigstens bestatten zu können. Doch als sie das Tor erreicht, öffnet es sich wieder, und ihre Tochter kommt ihr wohlbehalten und glücklich lächelnd entgegen. Voller Staunen und Ehrfurcht hört die Frau, dass eine schöne weiße Frau ihr Kind versorgt hat. Dem Mädchen aber war die Zeit im Inneren des Berges wie nur wenige Tage vorgekommen.

Auch in anderen Gegenden der Steiermark und Österreichs werden ähnliche Geschichten erzählt, die jedoch nicht immer so glücklich enden.

Schloss Trautenfels mit dem Grimming – eine Region, die auf eine lange und wechselvolle Geschichte zurückblicken kann, die den Menschen aber auch vor Augen führt, wie erhaben, unbegreiflich und überwältigend die Naturgewalten sind.

Ich bin weder ein Bergfex noch besonders gut, was Sagen betrifft. Aber die Geschichten, die vom Grimming erzählen, kenne ich schon seit Ewigkeiten. Vielleicht schon aus der Schulzeit, ich weiß es nicht mehr genau. Es ist ja auch ein richtiges Tor, das im Grimming zu sehen ist, da braucht es nicht viel Phantasie dazu. Wenn ich mir vorstelle, wie die Leute früher gelebt haben, den Launen der Natur ausgesetzt, voller Angst vor der Obrigkeit und teilweise willkürlicher Kirchengerichtsbarkeit, ohne wirkliche Möglichkeit, je diesen Gewalten zu entkommen –, da ist es nicht verwunderlich, dass Geschichten von verborgenen Schätzen rasch zu Legenden wurden. Außerdem ist der Anblick des Grimmings wirklich eindrucksvoll. Ich kann mir gut vorstellen, dass Leute wirklich dorthin aufgebrochen sind und nicht mehr heimkamen. Das nährt natürlich den Mythos.

(Johann, 43, Graz)

Perchten und Krampusse: Tanz des Landes und des Lebens

Schladming ist eine kleine Stadt im Nordwesten der Steiermark. Zwischen Dachstein und Niederen Tauern schmiegt sich der Ort in eine Talmulde, lässt jedoch die Anwesenheit der grauen, meist schneebedeckten Bergriesen keinen Augenblick vergessen. Mit über 250.000 Übernachtungen in der Wintersaison und gut der Hälfte in den warmen Monaten des Jahres stellt der Tourismus die Haupteinnahmequelle Schladmings dar. Mehrere große internationale Schirennen wurden und werden in der Gegend ausgetragen, und wenn das Eis von den Bergen schmilzt, werden die Höhenpfade als Wanderwege genutzt, auf denen die atemberaubende Schönheit der Dachstein-Tauern-Region erfahrbar wird. Die einstige Bergbaustadt hat sich ganz diesen Freizeitaktivitäten verschrieben, der ständig belebte Stadtkern ist geprägt von Souvenirläden, Hotels, Cafés und allem, was das Herz der schnee- oder berghungrigen Touristen begehrt.

Teufelsgrüße aus Wildalpen

Einmal im Jahr ändert der Ort sein Antlitz jedoch drastisch und wird zur Bühne für ein Spektakel, das zu den ältesten und bedeutendsten Bräuchen der Steiermark, wenn nicht sogar Österreichs gehört. Anfang Dezember, wenn die Tage kurz sind und die Sonne bereits am Nachmittag untergeht, bevölkern Menschen in kunstvoll geschnitzten Masken und aufwändig genähten Fellkostümen das Herz der Stadt und geben dem Ort eine Atmosphäre, die aus einem bizarren Albtraum entsprungen zu sein scheint. Schladming wird mit fast 1000 Teilnehmern und etwa 15.000 Zuschauern und Zuschauerinnen zum Schauplatz des größten Krampuslaufes der Steiermark.

Krampus- und Perchtentraditionen finden sich vor allem in Österreich, aber auch in Teilen der Schweiz, Bayerns und Südtirols, wobei die Ausprägungen des Brauches sich leicht unterscheiden. Hier sind es „nur“ Krampusse, die den Segen in die Orte tragen, dort sind es Perchten. Regional bedingt kommen aber auch andere Figuren hinzu, die den Umzügen eine andere Qualität geben: Stern, Mond, Tod, Engel, Treiber, Tiere und natürlich Nikolos sind einige davon. Auch die Zeitpunkte, zu denen die dämonischen Gestalten ihr Unwesen treiben, variieren, denn während die Krampusläufe um den Nikolaustag am 6. Dezember stattfinden, umspannen Perchtenläufe einen größeren Zeitraum, der bis in den Jänner hineinreicht.

Krampus- oder Perchtenvereine bestehen überall in der Steiermark, viele von ihnen sind aber im Ennstal und im Ausseerland an-

Dämonische Gestalten aus heidnischer Vorzeit besänftigen die Wut der Wintergeister und bringen Segen für das neue Jahr.

sässig, was zeigt, dass es sich hierbei um einen Brauch des Alpenlandes handelt, der sich von da ausgehend in andere Regionen ausgebreitet hat. Bei besonders Traditionsverbundenen wird das Privileg, als Percht laufen zu dürfen, von Generation zu Generation weitergegeben. In einer strengen Hierarchie „dienen" sich die Jungen von den einfachen zu den kunstvollsten Masken hoch – ein Weg, der sie ein Leben lang begleiten kann. Die Arbeit der Vereine findet das ganze Jahr über statt, auch wenn die wirklich geschäftige Zeit im Herbst beginnt. Die Kostüme bedürfen intensiver Pflege: Masken müssen geputzt, Felle gereinigt und Schellen poliert werden.

Die Krampus- oder Perchtenläufe erfordern außerdem ein gehöriges Maß an körperlicher Fitness, die Bewegung in der schweren Verkleidung setzt Kraft und Ausdauer voraus. Allein die oft von Hand geschnitzten Masken können mehrere Kilo wiegen, die gesamte Ausrüstung 15 bis 20. Den ganzen Tag lang stecken die Männer in ihren aufwendigen Kostümen, ihre Aufgabe besteht darin, neben dem Auftritt in der Menschenmenge auch noch von Haus zu Haus zu ziehen, um den Bewohnern den Segen für das Jahr zu bringen. Als Dank dafür erhalten sie flüssige Nahrung, meist in Form von Schnaps oder anderen hochprozentigen Gaben.

Der Krampusbrauch war ursprünglich in ganz Österreich verbreitet. In der Zeit der Inquisition wurde er verboten, da es niemandem erlaubt war, sich als Teufel zu verkleiden – ein Grund, warum er sich nur in den entlegensten Bergregionen erhalten hat, wie hier in Wildalpen.

Krampus oder Percht zu sein, stellt für die sonst fest in der modernen Welt verankerten Männer einen besonderen Zustand dar, in dem die Regeln des Alltags an Bedeutung verlieren. Die Historiker Felix und Ulrich Müller bezeichnen diese Zeit als „Junggesellenzeit", in der in einem gewissen Rahmen auch Exzesse gestattet sind. Sie setzen das Krampuswesen damit in eine Tradition, die sich in verschiedenen europäischen Kulturen wiederfindet, es geht um eine besondere Zeit – meist ein paar Tage –, in der die Welt „verkehrt" ist, also Gesetze, Regeln und Hierarchien nicht mehr gültig sind. Geht man in der Geschichte zurück, so trifft man auf die römischen Saturnalien, das Fest des Gottes Saturn, an dem Sklaven ihre Herren tadeln und Schüler ihre Lehrer maßregeln durften. Dieser Aspekt findet sich in abgeschwächter Form auch in den Faschingsbräuchen wieder, wo es vor allem darum geht, sich über die Obrigkeit lustig zu machen.

Krampus zu sein bedeutet, jemand anderer zu werden. Man(n) legt die eigene Persönlichkeit ab und verwandelt sich in einen Wintergeist; begleitet von Trommeln und dem Klang von an den Kostümen befestigten Schellen und bewaffnet mit Ruten und Peitschen wird die seltsame Magie der Alpentradition auch auf die Umstehenden übertragen.

Was für Erwachsene beeindruckend wirkt, kann für Kinder zu einer unvergesslichen Erfahrung werden, auch wenn die Läufer immer wieder innehalten, um die Kleinen zu streicheln und ihnen die Angst vor den dämonischen Fratzen zumindest ein wenig zu nehmen. Dass dies nicht immer gelingt, zeigt der Umstand, dass auch heute noch ältere Menschen genau davon erzählen können, wie sehr sie sich bei der ersten Begegnung mit den Krampussen gefürchtet haben. Natürlich wird die Angst vor den rauen Gesellen um ein Vielfaches gesteigert, wenn sie als Drohung in der Erziehung eingesetzt werden. „Wenn du nicht brav bist, wird dich der Krampus holen!", ist ein sicherer Weg, Kindern den Spaß am wilden Treiben zu nehmen. Glücklicherweise wird dieses Mittel zur Einschüchterung heute immer weniger verwendet.

Als ich das erste Mal Krampusse gesehen habe, war ich zwei oder drei Jahre alt. Das war in einem Hotel in Loipersdorf, glaube ich, da ist eine Reihe von Krampussen durch eine Tür gekommen. Die hatten schwarze zerfetzte Gewänder an und trugen rote Masken mit wilden Hörnern. Sie machten viel Lärm, sie schrien, stampften und hatten Glocken und Trommeln dabei, manche hatten rote Reisigruten. Da habe ich mich gefürchtet, aber weil meine Eltern dabei waren, habe ich mich nicht so gefürchtet. Vor allem erschreckt haben mich die Ruten und die feurigen Gesichter, und der Lärm hat mir auch große Angst gemacht. Da hat meine Mama mir erklärt, dass das eigentlich nichts Böses ist, der Lärm und die Ruten, weil sie damit die Kälte und den Winter vertreiben. Der Schnee und die Kälte sind zwar gut für die Pflanzen, wenn sie einmal Pause machen, aber irgendwann muss die Kälte wieder weg. Eigentlich waren die Krampusse dann sehr nett zu uns dreien, aber zum Tee würde ich sie trotzdem nicht einladen, weil manche, die mit dem Nikolaus zusammen unterwegs sind, so nach Weihrauch stinken.

(Fiona, 6 Jahre, Graz)

Krampus und Percht entspringen derselben Tradition, was heute auch zur Folge hat, dass sie sich im Brauchtum zum Teil vermischen. Tatsächlich handelt es sich bei den beiden um die männliche und die weibliche Form der mythischen Wesenheit. Der Ursprung des Wortes Krampus ist bis heute ungeklärt, es ist jedoch nahezu unbestritten, dass die Bräuche bis in heidnische Vorzeiten zurückreichen. Fragt man die Leute nach der Bedeutung des Krampusses, so wird dieser eindeutig als eine Art Teufelsgestalt beschrieben, was den Weg zu einer möglichen Deutung öffnet. Die Entwicklung des Teufelsbildes geht nämlich ebenfalls auf vorchristliche Götter und mythische Gestalten zurück.

Eine Vorstellung beschränkt die „wilde Zeit" auf drei Nächte, nämlich die Thomasnacht (21. Dezember), traditionell gesehen die Nacht der Wintersonnenwende, die Silvesternacht und die Nacht, die dem Dreikönigstag vorangeht. Die Thomasnacht stellt astronomisch gesehen die „dunkelste" Nacht des gesamten Jahres dar.

Es gibt eine Vielzahl von Bräuchen und Legenden aus dem Alpenraum, die sich um die magischen Nächte ranken. Wie zu anderen besonderen Zeiten des Jahres sind dann die Grenzen zur jenseitigen Welt besonders dünn und durchlässig, sodass Besucher von der anderen Seite in unsere Welt herüber können und auch mit den Menschen kommunizieren können. Dies dürfte die Grundlage für den Glauben an so genannte Lostage sein, an denen wir einen Blick in die Zukunft werfen können. Der erste Brauch, der mit der Losschau in Verbindung steht, ist der Barbaratag, der 4. Dezember, an dem die Barbarazweige geschnitten werden. Beginnen sie zur Weihnachtszeit zu blühen, so steht im Laufe des folgenden Jahres eine Hochzeit ins Haus. Das Wetter an jedem Tag der Raunächte sagt Ereignisse für das kommende Jahr voraus. Scheint am 26. Dezember die Sonne, so wird es ein glückliches und gesegnetes Jahr, scheint sie jedoch am 27., so werden die Preise höher. Andere Tage bieten Prophezeiungen über den Ausgang von Geschäften, das Auftreten von Krankheiten oder auch die Entwicklung des Wetters. Außerdem wird auch den Träumen während dieser Zeit besondere Bedeutung beigemessen, und die Menschen haben stets versucht und versuchen es noch immer, die Magie der Zeit zu nützen, um die Zukunft vorhersagen zu können.

Ein Überbleibsel aus vergangenen Tagen ist auch das traditionelle Bleigießen. Aus den Formen, die beim Abkühlen des erhitzten, flüssigen Bleis entstehen, sollen Prophezeiungen für das neue Jahr gemacht werden, wobei gewisse Gebilde für gewisse Ereignisse stehen. Da die kleinen Objekte des Öfteren sehr abstrakt wirken, sind meist alle Anwesenden eingeladen, ihre eigenen Deutungen zum Besten zu geben.

Neben Wahrsagerei und Lostechniken gibt es auch eine Vielfalt von Bräuchen, die mit dem Schutz vor den dunklen Mächten in Verbindung stehen, die in den schwarzen Nächten ihr Unwesen treiben sollen. Die Legende berichtet, dass die Wilde Jagd durch die Wolken peitscht und jene schwer bestraft, die bewusst oder aus Unwissenheit ihren Weg kreuzen. Es gibt eine ganze Liste von Tabus, die eingehalten werden müssen, um die dämonischen Jäger nicht ins Haus zu locken. So soll in den Raunächten keine Wäsche an der Leine hängen, das Haus muss aufgeräumt sein, und es sollen keine Türen geschlagen werden. Finden die Geister der Jagd einen Hinweis auf die Nicht-Einhaltung eines dieser Gebote, so nutzen sie die Nachlässigkeit, um die Hausbewohner zu bestrafen, und es steht Unheil ins Haus.

Es gibt verschiedene Techniken, sich vor der Wilden Jagd zu schützen. Holzknechte schnitzen etwa drei Kreuze in geschlagene Bäume, sodass die geisterhaften Jäger dort rasten können. Hört jemand die Wilde Jagd durch die Wolken preschen, so ist es auf keinen Fall ratsam, das Heulen und Schreien nachzuahmen. Eine Sage erzählt, dass ein übermütiger Knecht aus Hitzendorf das schrille Kreischen nachäffte, worauf plötzlich ein menschlicher Fuß durch das Stubenfenster geflogen kam und eine Stimme rief: „Hast geholfen jagen, sollst nun helfen nagen!"

Ein bewährtes Schutzsymbol ist das Hufeisen, das auch heute noch als Glücksbringer benutzt wird. Die symbolischen Ursprünge der Wilden Jagd dürften ebenfalls bei heidnischen Traditionen liegen, und auch der Schutz davor wurde von dort entlehnt, denn Odin bzw. Wodan, der germanische Göttervater, ritt auf seinem sagenumwobenen Ross Sleipnir durch die Welt der Sterblichen. Und das Hufeisen, also das Symbol für den göttlichen Reiter, wurde an den Türstöcken aufgehängt, um den Schutz des heidnischen Gottes zu beschwören. Wodan ist aber gleichzeitig auch der Herr der Wilden Jagd, denn es ist sein Heer, das durch die Wolken galoppiert. Eine andere Interpretation besagt, dass Hufeisen das Glück auffangen sollen wie ein Gefäß, warum es auch immer mit der offenen Seite nach oben angebracht werden muss. Hängt es verkehrt, so fließt das Glück hinaus, eine Idee, die durchaus als magisch bezeichnet werden kann.

Andere Schutzsymbole sind der Drudenfuß (oder Fünfstern) am Türrahmen – ein Thema, das sich auch in Goethes „Faust" wiederfindet – oder auch der Mistelzweig, ein uraltes Symbol für die Zeit des Mittwinters.

Eine andere Art, die Wut der Wintergeister zu besänftigen, besteht darin, sie mit Gaben und Opfern ins Haus einzuladen. Genau jene Gesten sind es, welche die Bercht, auch Berchtlmutter, milde stimmen können, die in den Raunächten mit ihrer Kinderschar durchs Land zieht. Starb ein Kind vor der Taufe, so wurde es Teil der traurigen Gefolgschaft der Wintermutter. Dies ist der Grund, warum man eine Schale Milch (Berchtlmilch) mit mehreren Löffeln auf den Küchentisch stellt, damit sich die Kleinen auf der Wanderschaft laben können. Jedes Kind nimmt nur ein paar Tröpfchen, doch die Milch wird im Haushalt für ein ganzes Jahr reichen. Dass es sich bei dem Schicksal der Kinder weniger um die christliche Segnung als um den (magischen) Akt der Namensgebung handelt, zeigen drei Sagen aus der Steiermark, die einen genaueren Blick auf die Berchtlmutter und ihre Schutzbefohlenen erlauben. So soll eine Bäuerin aus der Gegend von Semriach ihren Mann am Dreikönigstag nach Mehl geschickt haben, wobei er der Bercht begegnete. Als der geisterhafte Zug auf die Mühle zukam, öffnete er das Tor, damit dieser ungehindert hindurchziehen konnte. Das Mehl ging daraufhin im ganzen Jahr nicht mehr aus. Auch am nächsten Dreikönigstag ging er wieder zur Mühle und abermals öffnete er das Tor, damit die Berchtlmutter mit ihren Kindern weiterwandern konnte. Als aber das letzte Kind hinausgehen wollte, sagte der Mann liebevoll: „So, du kleines Zoderwascherl." Daraufhin blieb das Kleine ratlos stehen und blickte weinend dem im Nebel verschwindenden Zug nach. Der Bauer war zunächst ein wenig ratlos, nahm das Kind dann aber mit nach Hause zu seiner Frau, die ihm erklärte, was geschehen war. Dadurch, dass er dem Kind einen Namen gegeben hatte, konnte es nun nicht mehr bei der Bercht bleiben, und die Bauersleute nahmen es bei sich auf. Das Mehl reichte wieder für ein ganzes Jahr, und was auch immer daraus gekocht oder gebacken wurde, geriet einfach wunderbar.

Zwei sehr ähnliche Sagen gibt es aus der Gegend von Eisenerz und rund um den Zeiritz.

Diese Darstellung der Bercht scheint auf den ersten Blick wenig mit den wilden und dämonischen Gestalten der Perchtenläufe zu tun zu haben, andere Legenden zeichnen jedoch ein weniger freundliches Bild von der mythischen Gestalt. Die Bercht bestraft Bösewichte nämlich mit großer Grausamkeit. So erzählt die Sage, dass sie ihnen den Bauch aufschlitzt, ihn mit Sägespänen füllt und mit einer Eisenkette wieder zunäht. In der Gegend von Graz erwischte die Berchtlmutter einen Dieb, der seine Übeltaten leugnete. Daraufhin wurde sie so groß wie ein Kirchturm, und ihre Erscheinung erinnerte mit einem Mal sehr viel mehr an die Maskenläufer, wurden doch „ihre Fingernägel lang und scharf wie spitzige Messer, das Haar wie zornige Schlangen und ihre Augen wie glühende Wagenräder". Wütend zerrte sie den Unglücklichen in die Luft und zerriss ihn in tausend Stücke.

In einem anderen Fall nahm sie einem neugierigen Knecht aus Kalwang das Augenlicht, weil dieser sie und ihre Kinder beim Trinken der Berchtlmilch beobachtet hatte. Erst nach einem Jahr erhielt er es zurück, nachdem er die Wut des Wintergeistes besänftigt hatte.

So sehr die Bercht also als Wohltäterin und Beschützerin unschuldiger Kinderseelen auftritt, so sehr erscheint sie auch als strenge Richterin.

Wer aber ist diese Sagengestalt, die unter so vielen verschiedenen Namen auftritt? Frau Bercht oder Percht, Berigl, Bechtra, Berchtlmuada, Bechtrababa, Lutzl, Sampa, Stampa, Zamperin, Zampermuatta, Pudelfrau und Rauweib – alles Bezeichnungen für eine Gestalt, die weit über die Grenzen der Steiermark und auch Österreichs hinaus bekannt ist. Franz Anton Brauner gibt in seinen „Steirischen Heimatheften" den entscheidenden Hinweis, wer sich tatsächlich hinter der Maske verbirgt. Er schreibt, dass Frau Perchtl auch als Berchta oder Bertha bekannt ist, „die bei den alten Deutschen auch Freia oder Hulda genannt (wurde), die Göttin der Liebe und Anmut, im Märchen Frau Holle, die Leuchtende".

Auch als Schönheit kann Frau Bercht in der Sage auftreten, repräsentiert durch die Masken der Schönperchten, doch meist ist sie als hässliche alte Vettel bekannt oder präsentiert sich gar als regelrecht dämonisch, wie in der obigen Geschichte vom Dieb, was durch die Masken der Schiachperchten zum Ausdruck kommt. Manche Traditionen zollen dieser „Doppelgesichtigkeit" sogar Respekt, indem die düstere Maske die Vorderseite ziert und die junge Schönpercht die Hinterseite, wobei die Aufmachung fast einem Januskopf gleicht, der in die Vergangenheit und in die Zukunft blickt. Wie die Zeit um Mittwinter vereint die Bercht zwei ergänzende Aspekte in sich: das Helle und das Dunkle.

Wenn also die Furcht erregenden oder lieblichen Masken der Perchten in der Abendstimmung der Raunächte zum Vorschein kommen und in den Dörfern und Städten der Steiermark und in ganz Österreich von Haus zu Haus ziehen, dann wird damit ein Brauchtum gefeiert, das möglicherweise aus den Kindheitstagen der Menschheit stammt. Ein Blick auf die kunstvoll geschnitzten Masken erlaubt einen Blick durch die Schleier der Zeit in die magische Welt unserer Ahnen, die uns heute noch umgibt.

Wenn der Weg in den Himmel über die Berge führt: Der Bergsteigerfriedhof von Johnsbach

Das Gesäuse oder „Xeis", wie es von den Einheimischen und den Bergsteigern genannt wird, liegt im „hohen Norden" der Steiermark. Schroffe Felsschluchten, lebhafte Wildbäche und Ehrfurcht gebietende Berge prägen hier die Landschaft, deren Unberührtheit und Artenvielfalt der Region den Status eines Nationalparks eingetragen haben. Seinen Namen verdankt das Gesäuse dem Rauschen des Ennsflusses, der über die Felsen sprudelt, was in der Vorstellung der Menschen einem ewigen Säuseln gleicht. Hier ist es nie still, denn das Rauschen, Brausen und Gurgeln der Enns bilden einen ewigen Gesang, der manchmal wild, manchmal sanft, aber immer allgegenwärtig ist.

Der Absturz der Berge und Jahrhunderte lebendig fließenden Wassers haben eine Umgebung geschaffen, die schon immer die Phantasie der Menschen beflügelt hat. Nicht umsonst ist die Gegend ausgesprochen reich an Geschichten und Sagen, die sich um die bizarren Felsformationen ranken. Bereits Peter Rosegger war vom Legendenschatz des Ennstales begeistert und ließ die eine oder andere Erzählung in sein Werk einfließen.

Ein Sagenpfad, der durch das Johnsbachtal führt, eröffnet Wandernden die Möglichkeit, die Sagen hautnah zu erleben: Neben bizarren, mystisch anmutenden Felsformationen sind Tafeln angebracht, auf denen die Erzählungen niedergeschrieben sind, die nicht selten namensgebend für die Kalkgestalten waren. Eine davon ist die des steinernen „Schulmeisters", der mit erhobenem Finger über den Wanderpfad wacht. Einst soll dieser ein richtiger Mensch gewesen sein, der als Lehrer eine Gruppe von Schulkindern in das Gesäuse geführt hat. Einer der Buben soll sich dann so schlecht benommen haben, dass der Lehrer einen Stein nach ihm werfen wollte. Als die Hand des Mannes jedoch den Felsen berührte, erstarrte er selbst zu Stein und ist seither dazu verflucht, ein Leben als Kalkformation zu fristen.

Die Enns tost durch die lange Felsschlucht und verleiht dem Gesäuse mit ihrem Rauschen seinen Namen.

Neben der Information über die Sagen der Region führt eine Wanderung durch das „Xeis" auch an anderen Sehenswürdigkeiten vorbei, die einen Besuch lohnen. Wer sich besonders für Sport und Abenteuer am Wasser interessiert, kann hier Wildwasserfahrten unternehmen. Rafting und Kanufahrten führen durch die weißen Gischtwasser der Enns und bieten Gelegenheit, sich den Urgewalten des Wassers hautnah zu stellen. Dass dermaßen Wassersportbegeis-

terte sich nur gesichert und ausreichend informiert diesem Abenteuer stellen sollten, ist natürlich selbstverständlich.

Ein Ort, der weit über die Grenzen des Nationalparks, aber auch der Steiermark (traurige) Bekanntheit erlangt hat, ist Johnsbach, 15 Autominuten von Admont entfernt und für viele Wanderer und Bergsteiger ein idealer Ausgangspunkt für Spaziergänge und Bergtouren. Gleichzeitig gemahnt die kleine Ortschaft aber auch an die Tatsache, dass die atemberaubende Schönheit der Natur auch eine Schattenseite hat, die sich vor allem jenen zeigt, die es wagen, sich den Herausforderungen der Berge zu stellen.

497 Menschen verloren seit 1810 in den Wänden des Gesäuses ihr Leben, für sie alle wurde der Ausflug in die Berge zu einer Reise ohne Wiederkehr. Der kleine Friedhof neben der Pfarrkirche von Johnsbach wirkt im ersten Moment durchaus nicht ungewöhnlich. Doch das leicht zu übersehende Schild neben der Eingangspforte enthüllt, dass dies hier eine besondere Ruhestätte ist. Zeile für Zeile sind Name, Herkunftsort und Todesort der Verunglückten vermerkt. Die Auflistung ist akribisch, gewährt jedoch nur wenig Einblick in die Schicksale der Toten. Die Liste wird von der Bergrettung des Gesäuses geführt, der die traurige Aufgabe zukommt, die sterblichen Überreste der Abgestürzten ins Tal zu bringen. Die Körper werden dann in der kleinen Halle des Pfarrhofes aufgebahrt, um anschließend zu den Hinterbliebenen überstellt zu werden. Vor allem in der Vergangenheit war es jedoch keine Seltenheit, die Toten gleich in der Nähe des Unglücksortes zu bestatten. Das hatte die Entstehung von so genannten Bergsteigerfriedhöfen zur Folge, wie sie beispielsweise in Heiligenblut, Zermatt, Chamonix, Sulden oder Pontresina

Der Bergsteigerfriedhof von Johnsbach ist eine ewige Mahnung für alle – auch vor den Launen der Natur. Aus den Inschriften der Grabsteine lassen sich auch die Schicksale der Menschen ermessen, die ihrer Leidenschaft für die Berge zum Opfer fielen.

zu finden sind. Johnsbach besitzt den größten Friedhof seiner Art in Österreich und einen der größten in Europa. 49 Gräber bieten fast 60 Toten eine letzte Ruhestätte, und Gedenktafeln an der Pfarrmauer erinnern an das Unglück von Bergsteigerinnen und Bergsteigern aus der Region, die von Expeditionen im Ausland nicht zurückgekehrt sind. Der profane Hintergrund ist, dass die Kosten für die Bergung von Toten aus besonders gefährlichem und unzugänglichem Bergland oft schlicht zu hoch sind und Versicherungen sich weigern, solche Todesfälle in ihre Polizzen zu übernehmen. So werden der Kilimandscharo oder der Himalaja zum Grab für jene, die dort den Tod finden, und die Trauernden haben keine Möglichkeit, die Verstorbenen zu bestatten. Die einfachen Tafeln in Johnsbach werden somit zu Pilgerstätten für Familien und Freunde, die dort das Andenken an ihre Angehörigen bewahren können. Während diese Gedenktafeln jedoch zum Teil kaum älter als ein Jahr sind, führen die Daten auf den Grabsteinen uns weiter in die Vergangenheit zurück. In den letzten 20 Jahren musste zum Glück niemand mehr in dem kleinen Gräberfeld inmitten der grauen Riesen beerdigt werden.

Die Geschichte des Bergsteigerfriedhofes begann vor etwa 120 Jahren, als 1885 die ersten Verunglückten ins Tal geholt wurden, um ihnen eine würdige Bestattung zu geben. Bergungsexpeditionen dieser Art konnten und können auch heute noch für die Bergretter zu einer äußerst riskanten und gefährlichen Angelegenheit werden. Die leblosen Körper mussten schließlich oft aus unzugänglichen Bergwänden geborgen und unter beschwerlichen Umständen nach Johnsbach transportiert werden. Berichte über Unglücke zeigen, dass die Medien immer wieder den Leichtsinn der Bergsteiger beklagen, die durch ihre Selbstüberschätzung nicht nur ihr eigenes, sondern auch das Leben der Rettungsmannschaften riskieren. Die Wahrheit ist jedoch nicht immer ganz so einfach. Es ist richtig, dass es zwar immer wieder Unfälle durch Unerfahrenheit und schlechte Vorbereitung gab und gibt, unter den Toten des Bergfriedhofes befinden sich aber auch durchaus sehr erfahrene Bergleute, die sogar an Erstbesteigungen teilgenommen haben. Der kleine Friedhofsführer, der in der Kirche zu erstehen ist, enthüllt die Geschichten hinter den Grabsteinen mit ihren Bildern, Fotos und Reliefs und zeigt außerdem, wie verschieden die Männer und Frauen waren, die im Gesäuse ihr Leben verloren haben.

Ein heftiger Schneesturm zu Pfingsten im Jahr 1936 wurde beispielsweise auch äußerst erfahrenen Bergfexen zum Verhängnis. Dieses Unglück sorgte für eine der bewegendsten Geschichten, die der Friedhof zu erzählen hat. Wolf Stadler, ein Bergretter aus Wien, hatte bei den widrigen Witterungsumständen, die als nicht voraussehbar beschrieben werden, einen Unfall, als er mit seiner Verlobten in den Steilwänden unterwegs war. Die beiden waren in der Folge gezwungen, eine Nacht im Eis der Berge zu überstehen. Der Verletzte gab seine eigene warme Kleidung seiner Braut, was ihn das Leben kosten sollte. Als die Verunglückten am nächsten Tag gefunden wurden, hatten die zusätzlichen Stoffschichten die junge Frau tatsächlich vor dem Erfrieren bewahrt, Wolf war jedoch in der Nacht verstorben.

Diese Begebenheit nährte das Epos der Helden der Berge, denen die Inschriften und Beschreibungen von Johnsbach oft Tribut zollen, werden doch viele der Verunglückten und ihre Retter oft als Heroen dargestellt. Bei Weitem nicht alle der dort Begrabenen gehören jedoch zu dieser Gruppe, haben doch auch manche den Weg in die Berge mit dem Wissen und dem Willen unternommen, nicht mehr heimzukehren.

Ein Grabstein erinnert an einen Studenten aus Wien, dessen Skelett in einen Schlafsack eingewickelt in den Bergen gefunden wurde. Daneben lagen – fein säuberlich in Plastiksäcke verpackt – sämtliche Habseligkeiten des jungen Mannes, inklusive der Kleidung, die er getragen hatte. Der depressive junge Mann hatte seine Wohnung in der Stadt verlassen und war in die Steiermark gefahren, um in die Steilwände einzusteigen. Dort hatte er seine Sachen in die Beutel gesteckt und sich in den Schlafsack eingehüllt und hingelegt – aller Wahrscheinlichkeit nach in vollem Wissen darüber, dass die Kälte ihn früher oder später töten würde. Dass der Mann sich nach Entledigen seiner Kleider in einen Schlafsack legte, mag auf den ersten Blick vielleicht seltsam anmuten, eines ist jedoch sicher: Die wärmende Hülle war nicht geeignet, ihn vor dem Erfrieren zu bewahren, doch sie erleichterte gewiss das Einschlafen. Ob es sich bei dieser Begebenheit um den einzigen Fall von Freitod handelt, lässt sich für Außenstehende schwer nachvollziehen. Viele Unglücke und ihre Ursachen konnten nie geklärt werden, und die wahren Hintergründe der verschiedenen und oftmals tragischen

Schicksale müssen dem Besucher für immer verborgen bleiben, weigern sich die Berge doch, sich jedes Geheimnis entreißen zu lassen.
Der kleine Totenacker im Schoß der grauen Wächter ist und bleibt eine ewige Mahnung für alle, die eine Besteigung der Berge wagen. Manchmal können weder die beste Vorbereitung noch ein hoher Grad an Erfahrung vor den Launen der Natur bewahren, die in den Höhen mehr als deutlich spürbar werden. Johnsbach zeugt wie die anderen Bergsteigerfriedhöfe auch von der Leidenschaft, die Frauen und Männer immer wieder dazu bewegt, den offensichtlichen Gefahren zu trotzen und in die Berge aufzubrechen. Der Johnsbacher Bergfriedhof erzählt die Geschichte von Menschen, für die „der Weg in den Himmel" tatsächlich „über die Berge führt", wie die Inschrift auf einem der Grabsteine erzählt.

Im Jahr 1885 wurden die ersten Opfer des Gesäuses auf Stangen ins Tal getragen. Die Bergung der toten Bergsteiger brachte aber auch die Bergretter immer wieder in große Gefahr. Holzstich nach Richard Püttner, 1880.

Was bleibt, ist ein Gefühl von Stille und Sprachlosigkeit. Es sind jedoch nicht die Schicksale, die uns, den Betrachtern und Besuchern des schweigenden Ruheortes, die Sprache verschlagen. Zwar mögen manche der Toten von Johnsbach auf tragische Weise ihr Leben verloren haben, doch es scheint hier im Angesicht der Majestät der Berge, als hätten sie alle ihr Los nicht blind und unwissend herausgefordert. Die Sehnsucht nach dem Himmelreich liegt wie ein unsichtbarer Hauch über diesem Ort, und auf die eine oder andere Weise haben die hier Begrabenen wohl das gefunden, wonach sie suchten.

Ich sage immer, wenn du dieses Kreuz trägst, dann ist es dir sowieso bestimmt. Klar habe ich einige gekannt, die nicht mehr heimgekommen sind, ich war auf mehr als einem Begräbnis. Es wäre einfach, zu sagen, dass es immer Leichtsinn ist oder dass die Leute zu unerfahren waren. Aber wenn man ehrlich ist, dann stimmt das eben nicht. Wenn du da oben bist, dann kann einiges passieren. Ich bin dem Tod selbst schon oft von der Schaufel gesprungen, manchmal will ich gar nicht so genau nachdenken – allein schon, wie schnell sich das Wetter ändern kann.
Ich weiß aber auch, dass ich immer wieder hinaufgehen werde, ich kann mir das Leben einfach nicht anders vorstellen. Wenn ich einen Monat nicht in die Berge gehe, dann werde ich ganz unrund. Das ist einfach mein Lebenselixier, und ich bin dort oben daheim.

(Birgit, 36 Jahre, Kapfenberg)

Von Menschen und Monumenten

Am Anfang war ...

Die Steiermark kann auf eine Geschichte von etwa 100.000 Jahren zurückblicken. Funde aus der Altsteinzeit beweisen, dass bestimmte Regionen der Grünen Mark auch in dieser grauen Vorzeit besiedelt waren. Schon immer bot das Gebiet der heutigen Steiermark Heimat für verschiedenste Völker und Kulturen: Illyrer, Pannonier, Kelten, Etrusker, Slawen, Bajuwaren, Germanen, Räter, Römer – sie alle prägten die Identität des Alpenlandes. Manche von ihnen hinterließen eindrucksvolle Zeugnisse ihres Lebens in Bauwerken, Kulturgegenständen oder Schriften, von anderen wiederum blieben nur halb verwischte Spuren, die uns mehr Fragen aufgeben, als sie uns Antworten bieten.

Unter all den archäologischen Schätzen der Steiermark gibt es zwei, die trotz ihrer Bekanntheit und der intensiven Erforschung immer neue Rätsel aufzugeben vermögen.

Die Ur- und Frühgeschichtliche Sammlung des Landesmuseums Joanneum ist in einem Trakt von Schloss Eggenberg in Graz untergebracht. Sie beherbergt eine kleine, aber überaus beeindruckende Auswahl von Fundstücken, die Einblicke in die Urgeschichte und Antike unseres Landes bieten: Urzeitliche Werkzeuge, Waffen und Skulpturen, aber auch Schmuck und Gegenstände des Alltags sind in den Vitrinen zu bestaunen.

Eines der Prunkstücke der Ausstellung ist zweifellos der Kultwagen von Strettweg. Heute wird davon ausgegangen, dass es sich um die Darstellung einer Opferprozession handelt. Die zentrale Figur bildet eine schlanke Frauengestalt, deren nach oben ausgestreckte Arme eine Schale halten und die alle anderen Figuren um ein Doppeltes überragt. Es wird angenommen, dass die Schale als Aufsatz für ein größeres Gefäß gedient haben dürfte. Die Kesselträgerin, eine Priesterin oder möglicherweise sogar Göttin, wird umringt von einer Gruppe von Frauen und Männern, einige von ihnen beritten, mit Helm und Schild. Neben Darstellungen von Tierköpfen auf der beräderten Plattform sind auch eindeutig Tiere mit Geweihen, möglicherweise Hirsche, zu erkennen. Auffällig ist, dass der Wa-

Die Stierschale ist einer der zahlreichen Funde aus dem Gräberfeld am Hallstätter Salzberg, ausgestellt im Prähistorischen Museum Hallstatt.
Vorhergehende Doppelseite: Mächtig thront die Burgruine Gallenstein über dem St. Gallener Tal. Einst war sie uneinnehmbare Fluchtburg der Admonter Äbte und Hort für die Stiftsschätze des Konvents.

Begegnung der Kulturen: Der Kultwagen von Strettweg (Kopie) vor dem ehemaligen Minoritenkloster in Judenburg. Hier trifft die Spiritualität einer längst untergegangenen Zivilisation auf unsere heutige christliche Glaubenswelt.

gen in beide Richtungen gezogen werden kann, einzig der Blick der geschmückten Frau im Zentrum weist den Weg. Obwohl alle Figuren nackt dargestellt sind, werden die Geschlechtsmerkmale der Priesterin besonders hervorgehoben, nicht zuletzt durch den gemusterten Gürtel. Die explizite Darstellung „nackter Tatsachen" in der hier vorliegenden Form lässt darauf schließen, dass beim gesamten Objekt Sexualität – und damit auch Fruchtbarkeit – eine zentrale, wenn nicht sogar heilige Stellung einnimmt. Welche Tätigkeit, welcher Ritus hier genau dargestellt werden sollte, bleibt bis heute unklar, Tatsache ist jedoch, dass es eine spätbronzezeitliche Kultwagentradition gibt. Die Forschung ist sich darin ebenfalls einig, dass die Szene eindeutig eine kultische Handlung darstellt. Auch wer weder an Religion noch an Archäologie besonders interessiert ist, dürfte dem mehrere tausend Jahre alten Kunstwerk etwas abgewinnen können. Die Struktur des Kultwagens wirkt trotz aller Verzierungen einfach und klar und besitzt eine zeitlose Ästhetik.

Den Namen verdankt der Kultwagen seinem Fundort in der Obersteiermark. Das Fürstengrab von Strettweg wurde 1846 in der Nähe von Judenburg gefunden und zählt nach wie vor zu den herausragendsten Zeugnissen einer lange untergegangenen Kultur. Die in dem Grab gefundenen Gegenstände wie Amphoren, Waffen und Zaumzeug entstammen der Hallstattkultur (700–400 v. Chr.), einer auf österreichischem Boden angesiedelten Zivilisation, die zur Eisenzeit ihre Hochblüte erlebte. Waffen und Situlen (Weinkübel) erzählen von einer Ära ungewöhnlichen Reichtums. Durch den Salzabbau und den Handel mit benachbarten Völkern erlangten unsere Vorfahren beträchtlichen Wohlstand, der sich in den Alltags- und Kultgegenständen deutlich spiegelt. Die Oberschicht wurde vom Kriegeradel gestellt, dessen Angehörige in den so genannten Fürstengräbern mit wertvollen Beigaben für das Jenseits bestattet wurden. Funde von Ess- und Trinkgeschirr weisen außerdem auf eine hoch entwickelte kulinarische Kultur hin, in der den leiblichen Genüssen, wie gutem Essen und alkoholischen Getränken, durchaus gefrönt wurde.

Funde wie dieser wertvolle Antennendolch aus dem Museum Hallstatt lassen die Kultur der Hallstattzeit lebendig werden. Doch noch immer stehen wir auch vor ungelösten Rätseln.

Die genaue Zuordnung der hallstattzeitlichen Stämme zu einer bestimmten Volksgruppe ist bis heute nicht gelungen, noch immer scheiden sich an dieser Frage die Geister. Auch über die Glaubenswelt der Kultur, der der Kultwagen entstammt, lässt sich nur mehr spekulieren, wobei uns die Betrachtung des Fundstückes zumindest einige Anhaltspunkte gibt.

Bei den Urvölkern Österreichs und der Steiermark dürfte es verschiedene Riten mit unterschiedlichen Ausrichtungen gegeben haben, wobei sich einige Elemente jedoch gleichen. Eines, wenn nicht sogar das stärkste dieser Elemente, ist die Verehrung von Erdgöttinnen, wie wir sie in Noreia oder auch der Venus von Willendorf vor uns haben. Vor diesem Hintergrund ließe sich die These verschiedener Archäologen erklären, dass der Kultwagen von Strettweg ein Objekt der Verehrung der Göttin in ihrer Rolle als Herrin der Tiere sein dürfte.

Der Kultwagen birgt jedoch noch weitere Geheimnisse, die uns in eine Welt von Magie und Symbolik entführen. Der Schlüssel liegt in den Tierfiguren, die den Wagen zieren. Da

Tierfiguren spielten im Allgemeinen eine wichtige mythologische Rolle. Dienten diese gehörnten Tiere aus der Hallstattzeit einst als Opfergaben? Exponate des Prähistorischen Museums Hallstatt.

Tieren im Allgemeinen in ihrer mythologischen Rolle sowohl lebensbedrohende als auch lebenserhaltende Aspekte nachgesagt werden, ist es nicht verwunderlich, dass sie einen nicht unwichtigen Teil der Spiritualität von alten Völkern ausmachten. Am bekanntesten dürfte heute wohl das totemistische System der amerikanischen Ureinwohner sein, das sich in der esoterischen Szene in Form von „Krafttieren" ungebrochener Beliebtheit erfreut. Weniger im Bewusstsein sind jedoch oft die europäischen Wurzeln, die wir auch bei „Urvölkern" auf österreichischem Boden finden. Gerade bei Gesellschaften, die stark kriegerisch ausgerichtet waren, spielten Pferde eine große Rolle, konnten berittene Truppen in der Schlacht doch über Sieg und Niederlage entscheiden. So wurden Reittiere nicht selten im selben Grab mit ihren Reitern bestattet, was für die ihnen zugemessene Wichtigkeit spricht. Darüber hinaus gibt es auch verschiedene antike Gottheiten, die mit Pferden in Verbindung gebracht wurden. Eine davon ist die keltisch-römische Göttin Epona.

Der Kultwagen von Strettweg zeigt eindeutig berittene Krieger. Ob die Pferde noch eine weitere kultische Bedeutung hatten, muss in diesem Fall jedoch ungeklärt bleiben. Bei den dargestellten gehörnten Tieren (Hirschen?) besteht jedoch kaum ein Zweifel an ihrer spirituellen Natur. Hierbei könnte es sich entweder um Opfertiere oder aber um Symboltiere der verehrten Gottheit handeln. Antike Kulturen kennen auch das Konzept des Heros, also des Gefährten von Erd- oder Muttergöttinnen. Beispiele hierfür sind Latob(ius), der Noreia angehört, oder Adonis, der als Geliebter der Aphrodite auftritt. Diesen mythologischen Figuren werden oft ebenfalls Tiere, wie Falke, Adler, Eber und Hirsch, zugeordnet. Das Schicksal der Heroen ist in allen Kulturen ähnlich, ihr Tod steht symbolisch für das Vergehen in der Natur. Bei der Hirschjagd handelt es sich um ein altes, mythisches Bild, bei dem der Heros in Gestalt des gehörnten Tieres ums Leben kommt. Dass ähnliche Vorstellungen in unseren Breitengraden bekannt gewesen sein dürften, zeigt die Nibelungensage, die später zur Dichtung des Nibelungenliedes wurde. So ist es kein Zufall, dass in der nordischen Völsungensaga Gudrun (Kriemhild) von einem Hirsch träumt, der von ihrer Rivalin Brunhild mit Pfeil und Bogen erlegt wird und Siegfried gerade bei der Hirschjagd den Tod findet. Es ist durchaus möglich, dass sich bei den gehörnten Tieren auf dem Fundstück aus Strettweg Anklänge an diese Opfersymbolik finden lassen. Da der Kultwagen als Untersatz eines Kessels gedacht war, gibt es auch Erklärungen in Richtung eines Trankopfers.

„In diesen hohen Ehren träumte Kriemhilden, wie sie zöge einen Falken, einen starken schönen wilden, den ihr zwei Aare erkrallten: Da sie das musste sehn, ihr konnt auf dieser Welt kein größer Leid geschehen." Siegfrieds Tod wird in der Nibelungensage durch einen Tiertraum Kriemhilds vorweggenommen. In der nordischen Völsungensaga ist es ein goldener Hirsch, von dem Gudrun (Kriemhild) träumt. Holzschnitt nach einer Zeichnung von Eduard Bendemann, 1840.

Einem anderen Fürstengrab entstammt das zweite Prunkstück steirischer Urgeschichte, und auch dieses findet sich in der Ur- und Frühgeschichtlichen Sammlung des Landesmuseums Joanneum. Erst vor wenigen Jahren gelang bei Grabungen in der Umgebung von Deutschlandsberg ein besonderer Durchbruch. Der Fund einer Bronzemaske und der dazugehörigen Handbleche belegte nicht nur die Besiedlung der Region zur Hallstattzeit, sondern lieferte auch wichtige Anhaltspunkte, was die Begräbnisriten dieser Kultur anging. Zwar wurden die Verstorbenen eingeäschert, doch geht man davon aus, dass Tote davor aufgebahrt wurden. Dabei wurde ihnen eine Totenmaske auf das Gesicht gelegt, die Handbleche sollten wohl gleichzeitig dem Bedecken der intimen Körperteile des nackten Leichnams dienen. Nach der Verbrennung wurden Maske und Votivhände als Grabbeigaben auf einer Holzkiste befestigt, die als Behältnis für die Asche diente.

Selbst ein flüchtiger Blick auf die Fundstücke offenbart, dass sowohl Zeit als auch Kunstfertigkeit notwendig waren, um sie herzustellen. Die Gesichtsmaske wirkt sorgfältig geformt: die Augen geschlossen, der Mund schmal, mit leicht gespitzten Lippen. Es liegt nahe, dass versucht wurde, dem Verstorbenen das Aussehen eines friedlich Schlafenden zu geben. Die Ohren an den Seiten der Maske wirken übergroß, und die Stirn ist mit Ornamenten verziert, die typisch für die Epoche waren. An der Rückseite befand sich ein Kinnriemen, der den Mund des Verstorbenen offenbar verschlossen halten sollte.

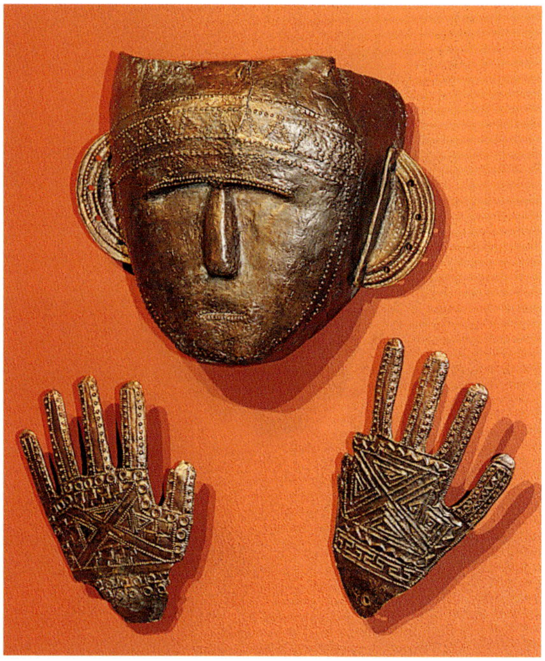

Die reichen Beigaben aus den hallstattzeitlichen Fürstengräbern von Kleinklein zeigen das uralte Erbe der Steiermark. Besonders wertvoll und bedeutend ist die Bronzemaske mit den Handblechen.

Obwohl sich das Original des archäologischen Schatzes wie bereits erwähnt in Graz befindet, besitzt das kleine, der Hallstattzeit gewidmete Museum in Großklein eine Kopie davon. Dort wird auch die Geschichte des außergewöhnlichen Fundstückes erzählt. Das Grab, in dem die Maske und die Bleche gefunden wurden, stellt eines von vielen in der näheren Umgebung dar. Und schon lange bevor die Erforschung durch Wissenschafter erfolgte, wurden Geschichten erzählt, dass in den uralten Erdhügeln wertvolle Schätze verborgen seien. Dies hatte zur Folge, dass viele Gräber geplündert wurden, bevor die Archäologen sich mit ihrem Inhalt vertraut machen konnten. Dies ging so weit, dass man den Einheimischen Geld dafür anbot, wenn sie die alten Fundstücke den Wissenschaftlern übergeben würden – die enttäuschten Schatzsucher sollten auf diese Weise davon abgehalten werden, von ihnen als wertlos empfundene Gegenstände zu zerstören. Obwohl dieses gewagte Vorgehen teilweise Erfolge brachte, kann nicht mehr festgestellt werden, wie viel des uralten Erbes durch Grabräuber vernichtet wurde und welche Schätze unwiederbringlich verloren sind. Nach dem Dämmerlicht des Museums in Großklein bietet ein Spaziergang auf dem Wanderweg Nr. 4 die Gelegenheit, in eine Welt einzutauchen, in der Zeit keine Rolle spielt.

Die keltische Kultur ist reich an Mythen und Legenden, in denen magische Rituale, Erdenergien oder heilige Bäume eine Hauptrolle spielen.

Ein Zusammenschluss der Gemeinden der Region gab eine Karte heraus, auf der die Wander- und Radwege der Umgebung verzeichnet sind. Der urgeschichtliche Wanderweg hat das Museum in Großklein als Ausgangspunkt und führt über Kleinklein und den Burgstallkogel, den früheisenzeitlichen Siedlungsberg, als Rundweg wieder zurück. Mehrere hundert hallstattzeitliche Grabhügel säumen den Weg. Unter einer dicken Schicht aus Blättern verborgen sind sie nur für jene als Begräbnisstätten erkennbar, die wissen, wonach sie suchen müssen. Über acht Kilometer ist der gut beschilderte Weg lang, und er bietet neben dem geschichtlichen Erlebnis auch die Möglichkeit, in die reizvolle Landschaft der weststeirischen Hügel einzutauchen.
Andere Orte der Steiermark haben mit weniger spektakulären Fundstücken aufzuwarten, verborgen in Wäldern und auf Hügeln finden sich jedoch immer wieder Überreste von Kulturen, die noch älter und geheimnisvoller sind als die intensiv erforschte Hallstattgesellschaft.

Trotz der Vielfalt der Kulturen, die auf steirischem Boden ansässig waren und sind, ist es im Besonderen ein Volk, welches unser Erbe besonders stark geprägt hat: die Kelten. Erste Zeugnisse keltischer Besiedlung finden sich ab ungefähr 750 v. Chr., wobei die Angabe eines genauen Zeitpunktes nicht möglich ist. Obwohl die Kelten ein durchaus kriegerisches Volk gewesen sein dürften – galt doch Kampfeskraft als eine der höchsten Tugenden –, verlief der Aufstieg der keltischen Gesellschaft überraschend friedlich. Viele der vorher ansässigen Stämme und Völker wurden keltisiert, das heißt, sie passten ihre Lebensweise stark jener des keltischen Volkes an und vermischten sich auch mit ihm, sodass die Völkergrenzen verschwammen und schließlich verschwanden. Was blieb, waren keltisierte Stämme in völlig unterschiedlichen Gegenden Europas wie Österreich, Frankreich, Spanien oder Großbritannien und Irland.

So beeindruckt unsere Vorfahren bereits vom Keltentum gewesen sein müssen, umso stärker wirkt seine Anziehungskraft heute noch auf uns. Einerseits ist es die archäologische und historische Forschung, die an den keltischen Kulturen und ihrem Erbe interessiert ist, andererseits fühlen sich auch verschiedenste spirituelle, esoterische und ökologische Gruppierungen zu den vorchristlichen „Superstars" hingezogen. Dass beim zuletzt genannten Fall der Sinn für Genauigkeit aufgrund des starken Wunsches nach Idealisierung ins Hintertreffen gerät, ist zwar verständlich, macht eine tiefere Auseinandersetzung mit dem keltischen Erbe jedoch oft schwierig. Unmöglich ist es aber nicht, wie das „Keltendorf" in Kulm bei Weiz beweist. Dort ist man bemüht, einen möglichst originalgetreuen Einblick in historische und kulturelle Aspekte zu vermitteln, ohne dabei die geistige Ebene aus den Augen zu verlieren. So finden sich neben möglichst genauen Darstellungen des keltischen Alltags auch ins Konzept eingearbeitete Elemente aus der religiösen Welt des antiken Volkes. Rekonstruktionen keltischer Bauwerke aus verschiedenen Epochen können auf dem kurzen Rundgang betreten werden, der schließlich auf den rekonstruierten Kulthügel führt. Eine Schautafel führt die Himmelsrichtungen und Kraftlinien an, die sich angeblich auf dem Kulm kreuzen. Der Standort für das kleine Freilichtmuseum wurde keineswegs willkürlich gewählt, befand sich in der Vergangenheit doch eine keltische Höhensiedlung in der unmittelbaren Umgebung.

Ein Besuch im Keltendorf am Kulm ist eine Reise zu unseren eigenen Wurzeln und zugleich eine Auseinandersetzung mit unserer eigenen Identität.

Die Anziehungskraft der keltischen Kultur ist ungebrochen. Auch wenn die moderne Wissenschaft versucht, Wahrheit und Mythos zu trennen, so bleiben doch auch Fragen: Wie lebten die Kelten wirklich? Woran glaubten sie? Welche Spuren haben sie hinterlassen?

Ein weiterer Themenkreis widmet sich den Bäumen und ihrer symbolischen Bedeutung im keltischen Kulturraum. Eingebettet in den Jahreskreis mit seinen Festen und seinen besonderen Zeiten, rundet diese Darstellung die Reise in die Welt der Vergangenheit ab.

So viel uns Steine, Monumente und Fundstücke aus der Vergangenheit des Steirerlandes auch über das Leben unserer Vorfahren und damit auch über unsere eigene Identität zu sagen vermögen, ist es manchmal nicht nötig, die Reise zu historischen Stätten zu unternehmen, um etwas über die eigenen Wurzeln zu erfahren: Das Vermächtnis der Vergangenheit ist in unserem Brauchtum lebendiger, als es auf den ersten Blick scheinen mag.

Römische Steiermark

Orte können wie Fenster sein, die uns einen Blick in andere Welten eröffnen. Je besser erhalten und eindeutiger die Überbleibsel vergangener Gesellschaften sind, desto leichter fällt es uns natürlich auch zu verstehen, was Menschen in früheren Zeiten bewegt hat und wie sie gelebt haben. So schwierig das bei den meisten Völkern ist, die ihre Spuren auch auf steirischem Boden hinterlassen haben, so gibt es doch eine Kultur, die sich deutlich von den anderen abhebt. Dies liegt sowohl an der Zahl der weltweit geborgenen Fundstücke, die uns einen tiefen Einblick in das Leben dieser alten Zivilisation erlauben, zum anderen aber auch daran, dass schriftliche Quellen beeindruckende Zeugnisse der wohl größten antiken Weltmacht darstellen.

Als Rom 753 v. Chr. gegründet wurde, konnte noch niemand ahnen, dass die Stadt im Laufe der nächsten Jahrhunderte zu einem Reich anwachsen würde, das beinahe die ganze damals bekannte Welt umfasste. Kaiser Augustus, dessen Regierungszeit um Christi Geburt fiel, unternahm Eroberungsfeldzüge in die Alpenregion – und damit auch in die heutige Steiermark. Das Land blühte unter der Herrschaft der Eindringlinge aus dem Süden auf, nur zu Beginn dürften die Fremden auf heftigen Widerstand der ansässigen Bevölkerung gestoßen sein. In blutigen Schlachten kämpften die Noriker gegen das römische Heer, sie hatten auf längere Sicht gesehen aber keine Chance gegen die Übermacht der Weltherrscher. Die Ereignisse dieser Zeit haben sich nicht nur in die Bücher der Geschichte eingeschrieben, auch in den Sagen werden die Geschehnisse wiedergegeben. Dies zeigt die Erzählung von den „Geistern des Königreiches". Das „Königreich", das hier gemeint ist, ist ein Berg in der Nähe von Neumarkt, auf dem eine bedeutende Schlacht zwischen den Norikern und den Römern stattfand. Die Geister der gefallenen Noriker fanden in den Höhlen und Löchern des „Königreiches" eine zeitlose Heimat, und noch heute verlassen sie ihre unterirdischen Behausungen, wenn dem Land Gefahr droht. Darüber

Der Frauenberg bei Leibnitz wartet mit einer wechselvollen Geschichte auf und dokumentiert dies mit Exponaten aus der ganzen Menschheitsgeschichte – wie hier mit dieser Amphore aus der Römerzeit.
Linke Seite: Im „heiligen Bezirk" auf dem Frauenberg bei Leibnitz war ein Tempel dem Mars Latobius geweiht. Die Kelten riefen ihre Götter unter zahlreichen Namen an, so wird der Gott in einer Inschrift „Mars Latobius Marmogenius Toutates Sinates Mogetius" genannt.

hinaus scheinen sie den Menschen durchaus wohlwollend gegenüberzustehen. So erzählt die Sage, dass ein junger Mann, der verarmt aus der Fremde heimkehrte, mit einem Haufen Goldmünzen beschenkt wurde. Nicht unwesentlich dürfte hierbei sein, dass es sich bei dem Beschenkten um einen Soldaten handelte, der sein Leben für seine Heimat riskierte, was von den Geistern reichlich belohnt wurde. Interessant ist, dass es eine sehr ähnliche Sage gibt, bei der es „Römergeister“ sind, die einen Heimkehrer in der Südsteiermark für seinen harten Kampf entschädigen.

Die Funde aus der Römerzeit, die im Tempelmuseum am Frauenberg bei Leibnitz aufbewahrt werden, geben auch Einblick in das Alltagsleben der römischen Provinz.

Im Jahr 14 v. Chr. fiel Norikum endgültig in römische Hand, und die neuen Herren verloren keine Zeit, ihre Kultur und ihre Lebensgewohnheiten auch in den neuen Gebieten zu verbreiten. War ihre Herrschaft einmal abgesichert, so zeigten die Besatzer jedoch eine bemerkenswerte Toleranz, was den Glauben und die Kultur der Unterworfenen anging. So dürfte es auch zu einer Übereinkunft über die Nutzung der Handelswege mit den ansässigen Stämmen gekommen sein. Im Gegenzug dafür wurden die Rechte der eingesessenen Oberschicht nur minimal beschnitten, sodass einem friedlichen Miteinander nichts im Wege stand.

Ein Mittelpunkt des Lebens in der römischen Provinz kann heute noch besichtigt werden. Flavia Solva war vor etwa zwei Jahrtausenden eine blühende Siedlung, wo es unter anderem ein eigenes Amphitheater und Thermen gab. Ausgrabungen zeugen von dem beträchtlichen Wohlstand, in dem die Bewohner der Bürgerhäuser lebten, von denen zum Teil noch die Fundamente zu sehen sind. Bei Fußbodenheizung und fließendem Wasser mangelte es unseren Vorfahren hier an nichts, und die Römerstraße in unmittelbarer Nähe sicherte die Versorgung des florierenden Städtchens. Die Besiedlung der Gegend verlief durchaus weitläufig, so lohnt es sich auch, das Kerngebiet von Flavia Solva zu verlassen und sich anderen Orten zuzuwenden, deren historische Schätze zwar in unmittelbarer Nähe des heutigen Museums liegen, die aber nur allzu oft den Augen unwissender Besucher verborgen bleiben. Die Gegend bietet eine Fülle antiker Sehenswürdigkeiten und Lokalitäten, darunter das Lapidarium von Schloss Seggau oder auch das heute weitgehend zerstörte Gräberfeld von Altenmarkt, einst Heimat mehrerer Dutzend Grabhügel. Neu hinzugekommen ist das Römerdorf in Wagna, das seit der Landesausstellung im

Flavia Solva, ein Ort, der uns einen Blick in eine andere Welt eröffnet – auch noch nach fast 2000 Jahren.

Jahr 2004 bemüht ist, den Besuchern das Leben zur Römerzeit durch historische Aufführungen wie Pferderennen oder andere Aktivitäten nahe zu bringen.

Die bereits erwähnten archäologischen Wanderwege in der Region bieten die Möglichkeit, die historischen Stätten zu Fuß zu erkunden, und umspannen nicht nur über 100 Kilometer, sondern auch mehrere Jahrtausende unserer Geschichte. Einer dieser Pfade führt an einem Ort vorbei, dem wir uns hier besonders widmen möchten.

Der Frauenberg: Ein Stück verborgenes Österreich

Das Tempelmuseum auf dem Leibnitzer Frauenberg führte über Jahrzehnte hinweg das beschauliche Leben eines Geheimtipps für Antikefans und Schulklassen, die von regionsbewussten Geschichtelehrern und -lehrerinnen zu dem kleinen, fast unscheinbaren Gebäude in der südsteirischen Gemeinde gebracht wurden. Erst in den vergangenen Jahren nahm das Schattendasein eines der bedeutendsten vor-

Heute dominiert am Frauenberg bei Leibnitz die barocke Wallfahrtskirche. Einst befand sich hier das größte Heiligtum der Göttin Isis Noreia, die an dieser Stelle schon vor 3500 Jahren verehrt wurde.

christlichen Kultplätze der Steiermark ein jähes Ende. Die rekonstruierte Tempelanlage, die zum spirituellen Zentrum von Flavia Solva gehörte, stellte einen wichtigen Teil der Exponate der steirischen Landesausstellung „Die Römer" dar.

Ich wusste lange nicht, was es mit dem Frauenberg bei Leibnitz auf sich hatte, eigentlich bin ich nur durch Zufall darauf gestoßen. Ich hatte ein Seminar in einem Gasthof in der Nähe und habe das Museum bei einem Nachmittagsspaziergang entdeckt. Es ist schon seltsam, eigentlich habe ich geglaubt, die Gegend dort gut zu kennen, ich wurde schon als Kind von meinen Eltern in ein Wochenendhaus nicht weit entfernt mitgenommen. Ich erinnere mich noch, dass ich immer ganz fasziniert war, wenn die Bauern erzählt haben, dass sie beim Pflügen auf Scherben stießen. Sie wussten nicht, wie alt die sein könnten, meinten vielleicht aus der Römerzeit. Und ich habe in den Wäldern gespielt und mir vorgestellt, sie seien verflucht, weil mei-

ne Oma mir erzählt hatte, in der Gegend hätten viele Schlachten stattgefunden.
So hat es mich auch nicht weiter verwundert, dass der Gott, der auf dem Frauenberg verehrt wurde, ein Kriegsgott ist, zumindest hat das die Führerin so erzählt.
Nur haben die Statuen irgendwie nicht dazu gepasst, sein Gesicht sieht so sanft aus, fast als würde er schlafen. Es fiel mir schwer, mir vorzustellen, wie dieser Ausdruck zu einem Kriegsgott passen sollte.

(Andrea, 36, Graz)

Noreia, die keltische Schutz- und Muttergöttin, wurde von den Römern mit der ägyptischen Göttin Isis gleichgesetzt. Original im Kärntner Landesmuseum.

Die Gottheiten, die auf dem südsteirischen Frauenberg verehrt wurden, geben uns bis heute Rätsel auf. Bereits der Name der Isis Noreia mag Verwirrung hervorrufen, ist es doch auf den ersten Blick schwer zu verstehen, was eine ursprünglich ägyptische Göttin in der Südsteiermark zu suchen haben könnte.
Isis, die Muttergöttin des alten Ägypten, wurde auch im Römischen Reich verehrt, nachdem das ehemalige Pharaonenreich unter die Herrschaft der neuen Weltmacht gefallen war. Während die Eroberungszüge sich in verschiedenste Gegenden Europas, Asiens und Afrikas ausdehnten, stießen die Streitmächte immer wieder auf Gottheiten, die ihnen zwar unbekannt waren, im gleichen Zug aber Charakteristika von ihnen sehr wohl bekannten Göttinnen oder Göttern aufwiesen. So ist es einfach zu verstehen, warum die eigentlich norische Göttin den Beinamen Isis erhielt, ist es doch in beiden Fällen eine Schutz- und Muttergöttin, die als Erschafferin der Welt betrachtet wurde. Dass der „romanisierten" Schöpferin hoher Stellenwert beigemessen wurde, zeigen Verse, die aus dem 2. Jahrhundert nach Christus stammen und damit in dieselbe Zeit fallen wie die Erbauung des Tempels auf dem Frauenberg.

Ich, Allmutter der Natur;
Beherrscherin der Elemente,
Erstgeborenes Kind der Zeit,
Höchste der Gottheiten,
Königin der Seelen,
Erste der Himmlischen,
Ich vereine in mir die Gestalten
Aller Götter und Göttinnen.
Ich, Isis Noreia.

(Apuleius)

Das Volk, das Noreia als Muttergöttin verehrte, war, wie bereits angedeutet, der keltische Stammesverband der Noriker, die nicht etwa – wie lange Zeit angenommen – der Göttin den Namen gaben, sondern umgekehrt. Noreia dürfte auch der Name der Hauptstadt ihres Reiches gewesen sein, auch wenn dieser Umstand nicht eindeutig bewiesen ist. Tatsache ist jedoch, dass es eine weltweite Tradition gibt, Orte nach den dort verehrten Gottheiten zu benennen. Beispiele hierfür sind Bregenz (Brigantia), Athen (Pallas Athene) und Irland (irisch Eire).

Auch nach fast 2000 Jahren, in denen die Verehrung von Göttinnen im europäischen Raum verpönt war und zu gewissen Zeiten sogar mit dem Tode bestraft wurde, legen diese Orte ein unwiderlegbares Zeugnis über die Wurzeln alteuropäischer Religionen und ihrer Göttinnen ab. Der Vollständigkeit halber sei hier erwähnt, dass Noreia den archäologischen Funden zufolge auch als Wassergöttin verehrt wurde. Nur so ist die Verwendung des Ruders als eines ihrer Kultgegenstände zu erklären. Außerdem befindet sich unter den Ausgrabungen im Tempel ein gut erhaltenes Kultbecken, dessen Leitungen eine eindeutige Verbindung zum Wasser herstellen. Ein anderer Name, unter dem Noreia verehrt wurde, ist Danu, die keltische Mutter- und Wassergöttin, die einem der bedeutendsten Flüsse Österreichs seinen Namen gab: der Donau (lateinisch Danubius).

Vor diesem Hintergrund lohnt sich ein tieferer Blick auf Mars Latob(i)us, die auf dem Frauenberg verehrte männliche Gottheit. Wie bei Isis handelt es sich auch bei Mars um einen romanisierten Beinamen, der von dem weithin bekannten Kriegsgott entliehen wurde. Weniger bewusst mag wohl sein, dass das Bild dieser Gottesfigur eine starke Veränderung durchgemacht hat. Mars geht auf den griechischen Gott Ares zurück, der ebenfalls als Gott des Krieges und der Schlachten auftritt. Seinen Ursprung nahm Ares wiederum als Begleiter und Geliebter der archaischen Göttermutter, die später als Göttin der Liebe und der Schönheit Eingang in das griechische Pantheon fand. Aphrodite, bekannt durch zahlreiche Gemälde und Kunstwerke, trägt stärker als das bereits hinlänglich überformte Bild der römischen Venus die Züge einer Göttin, die noch lange Zeit unabhängig von den jüngeren Göttern des Olymp verehrt wurde. Dass auch die kultische Verehrung auf dem Frauenberg nicht erst in der Römerzeit begonnen haben kann,

Nicht nur die morgendlichen Nebelstimmungen lassen Landschaften (hier der Blick vom Keltenberg Kulm über Pischelsdorf bis hin zur Riegersburg) in einem neuen Licht erscheinen. Es ist vor allem die Geschichte eines Landstriches, seine Vergangenheit, sei es die historische oder eben die legendenhafte, die mystische, die den Blick eröffnen.

ist durch Funde aus der Jungsteinzeit belegt. Mars (oder Ares) könnte ursprünglich ein Heros der großen Göttin gewesen sein und symbolisiert die Kräfte der wachsenden Natur, die in der Folge dafür sorgen, dass die Erde fruchtbar wird. Der Monat März geht auf die römische Version des Gottes zurück, und er bezeichnet genau jene Zeit, in der die Natur nach der Starre des Winters wieder zu neuem Leben erwacht.

Wer in den kleinen Kellerraum des Museums hinabsteigt, in dem die Fresken der beiden Tempelanlagen ausgestellt sind, wird auf ornamentale Muster stoßen, die eindeutig von Pflanzen inspiriert sind, also nicht den Krieg, sondern vielmehr die Vegetation darstellen.

Mars Latob(i)us wurde also aller Wahrscheinlichkeit nach auf dem Frauenberg nicht als Kriegsgott verehrt, sondern vielmehr als Gott der Natur, der möglicherweise als Gefährte der Isis Noreia gesehen wurde.

Nicht weit vom Tempelmuseum entfernt befindet sich ein Ort, dessen Steine sowohl in lichte als auch in dunkle Kapitel der Geschichte Einblick gewähren. Folgen wir dem Wanderweg zurück zu seinem Ausgangspunkt ganz in der Nähe der Marktgemeinde Wagna, gelangen wir, wenn wir den Pfad nach Süden einschlagen, zu einer Abzweigung nach Aflenz und damit zum so genannten Römersteinbruch. Seinen Namen verdankt dieser dem Umstand, dass dort bereits zur besagten Zeit Granit abgebaut wurde, woran sich bis heute nichts geändert hat. Der Steinbruch ist heute nur begrenzt für die Öffentlichkeit zugänglich. Er dient aber zuweilen als Veranstaltungsort, wobei die unterirdischen Hallen eine spektakuläre Kulisse für Theateraufführungen, Konzerte und Ausstellungen bieten. Egal zu welcher Tages- oder Jahreszeit, die Temperatur- und Lichtverhältnisse bleiben hier unverändert, auch wenn äußere Wetterphänomene für eine besondere Atmosphäre im Inneren des Ortes sorgen.

Der Steinbruch ist schon etwas Besonderes. Irgendwie kann man sich der Stimmung dort nicht erwehren. Manchmal, wenn wir in der Früh zur Arbeit kommen, dann ist es richtig dunstig hier herinnen. Nebel scheint durch die Decke zu fließen, und es schaut so aus, als würde er sich bewegen. Wenn wir dann die Lichter einschalten, sieht alles fast unwirklich aus.

Ich habe jetzt schon einige Jahre hier gearbeitet, der Römersteinbruch ist aber immer noch so geheimnisvoll, ich glaube, es ist der mystischste Ort, den ich kenne. Eigentlich kann ich ja nicht wirklich sagen, dass ich für solche Dinge empfänglich bin, ich halte nicht so viel von Hokuspokus. Was es mit dem Steinbruch auf sich hat, kann ich nicht sagen, nur dass es einfach unwirklich ist, wenn der Nebel langsam herunterschwebt.

(Mitarbeiter der Betreiberfirma des Römersteinbruchs)

Ein besonderer Ort, ein mystischer Ort – das sind wohl die Attribute, die den meisten Besuchern einfallen, wenn sie den Steinbruch das erste Mal betreten. Setzt man sich jedoch auch mit der jüngeren Geschichte des Platzes auseinander, so kommt eine Dimension hinzu, die alles andere als angenehm ist. Eine kleine, leicht übersehbare Gedenktafel beim Eingang zur so genannten Toblakhöhle erinnert an die Zeit der Jahre 1938 bis 1945, in der der Steinbruch zu den Hermann-Göring-Werken gehörte.

Am Eingang der Toblakhöhle erinnert eine Gedenktafel an die Zwangsarbeiter der NS-Zeit, die bei der Arbeit im Steinbruch ums Leben kamen.

350 bis 400 Menschen kamen in den Hallen des Steinbruches innerhalb eines einzigen Jahres ums Leben: erschlagen, erschossen oder an Hunger oder Erschöpfung gestorben, während sie in den unterirdischen Gängen als Zwangsarbeiter eingesetzt wurden. Als eine der zehn Außenstellen des Konzentrationslagers Mauthausen wurden die Gefangenen dort gezwungen, die nationalsozialistische Rüstungsindustrie zu unterstützen, bis sie vor Kriegsende meist in das Mutterlager gebracht wurden. Wer den Weg dorthin trotz Erschöpfung, Misshandlung und Krankheit überlebte, wurde dann oft der „Endlösung zugeführt". Nur wenige blieben am Leben, um von den Vorgängen in den Außenlagern zu berichten.

Lange lag über diesen Geschehnissen ein Mantel des Schweigens, erst 1989 entschloss sich die Gemeinde Wagna dazu, die bereits erwähnte Tafel anzubringen, die an die Opfer der nationalsozialistischen Grausamkeiten erinnert. Seit 1995 finden an jedem Internationalen Tag der Menschenrechte Totengedenken am Leibnitzer Mahnmal statt. Die erste Veranstaltung dieser Art wurde allerdings bereits ein Jahr zuvor beim Römersteinbruch organisiert. „Steine sind stumme Lehrer, sie machen den Beobachter stumm, und das Beste, was man von ihnen lernt, ist nicht mitzuteilen", vermittelte uns Goethe. Die Idee, dass nicht nur Menschen, sondern auch Orte Erinnerungen in sich tragen, ist uralt. So ist es nicht verwunderlich, dass der Steinbruch trotz aller positiven Bemühungen noch immer die Erinnerung an dieses dunkle Erbe in sich trägt.

Wer also mit offenen Ohren und Augen über die geschichtsträchtigen Wege der Südsteiermark wandert, wird vielleicht überrascht von den leisen Geschichten, die wispernd von Stein zu Stein erzählt werden, von Baum zu Baum, von Ruine zu Ruine. Egal ob auf dem Frauenberg, den Ruinen von Flavia Solva, im Lapidarium von Seggau oder eben im Römersteinbruch, die Erinnerungen und Erzählungen sind so vielfältig und so verschieden wie die Steine, in die sie gemeißelt sind.

Verborgenes Graz

Eine Volksweisheit besagt, dass ein wahres Geheimnis nur dann eines ist, wenn es direkt vor der Nase des Suchenden bestehen kann, ohne erkannt zu werden. Es gibt wohl kaum einen Ort, auf den dieser Ausspruch so sehr zutrifft wie auf die steirische Landeshauptstadt Graz. Mit der Ernennung des Murjuwels zur Kulturhauptstadt 2003 hat sich Graz selbst ein Denkmal gesetzt und sowohl die Vergangenheit als auch die Zukunft des Ortes gefeiert. Zeugnisse des Festjahres sind noch immer bestehende Attraktionen wie das Kunsthaus, die Murinsel oder auch der Lift bei der Mariensäule am Eisernen Tor.

Die Kasematten, die ehemaligen Kellerräume der Schlossberg-Kommandantur und später Staatsgefängnis, haben heute als Freilichtbühne eine friedvolle Verwendung gefunden.
Linke Seite: Der Hauptplatz von Graz – ein Ort voller Historie. Die moderne Archäologie entdeckte hier Steinmauern aus dem 13. und 14. Jahrhundert, die Spuren von Brandkatastrophen zeigen. Um das Jahr 1000 lag der Hauptplatz wohl noch im Überschwemmungsgebiet der Mur.

Die Stadt mit ihren knapp 250.000 Einwohnern hat den Sprung ins 21. Jahrhundert längst geschafft und feiert die eigene Modernität und Jugendlichkeit als Universitätsstadt mit fast 50.000 Studierenden, als international bedeutender Wirtschaftsstandort internationaler und nationaler Konzerne und nicht zuletzt mit dem anfangs umstrittenen Kulturfestival „steirischer herbst“, das nun schon seit 1968 das kulturelle Angebot erweitert und prägt.

Die erste urkundliche Erwähnung von Graz findet sich in einer Schenkungsurkunde des Stiftes Rein aus dem Jahr 1128. Während der Umgestaltung des Grazer Hauptplatzes Anfang unseres Jahrtausends stieß man auf Steinmauern aus dem 13. und 14. Jahrhundert, wodurch die Annahme widerlegt wurde, dass der Hauptplatz bereits zur Zeit der ersten urkundlichen Erwähnung dort bestanden haben soll.

Archäologische Funde haben außerdem gezeigt, dass die Region bereits zur Zeit der römischen Besatzung besiedelt war, was durch die Entdeckung von Überresten eines Kastells belegt wurde. Die Geschichte des Universitätsviertels führt uns sogar noch ein Jahrtausend weiter in die Vergangenheit zurück.

Die dort stehende Leechkirche stellte Forscherkreise bereits seit längerer Zeit vor die Frage, ob der Name Leh (Grabhügel) auf die tatsächliche Existenz eines darunter liegenden Grabes hinweist. Immerhin befindet sich das Bauwerk auf einem kleinen Hügel, der jedoch nur von der Zinzen-

dorfgasse sichtbar ist. In den 1990er-Jahren kam es dann tatsächlich zu einer archäologischen Sensation: Ein fast unversehrtes Grab aus der Urnenfelderzeit beweist, dass die erste Besiedlung bereits fast ein Jahrtausend früher stattfand als bislang angenommen. Weitere Grabungen brachten zu Tage, dass der Hügel, auf dem das Kirchlein erbaut wurde, ein hallstattzeitlicher Grabtumulus ist.
Vor allem Städtereisende und Gäste schätzen das vielfältige Erleben und das historische Erbe der Landeshauptstadt. Selbst bei den professionell geleiteten Stadtrundgängen bleiben die verborgenen Pfade der Kulturstadt jedoch im Licht der Moderne verborgen, und der Ort zeigt sich als ein Geheimnis im wahrsten Sinne des Wortes, das auch unter den neugierigen Augen jener besteht, die offen sind, sich auch weniger bekannten Geschichten und Legenden zuzuwenden.
Die überwiegende Mehrheit der Bevölkerung und auch der Besucher nennt den Uhrturm als Wahrzeichen von Graz und verweist damit auf einen Ort, der reich an Geschichten und Legenden ist wie kaum ein zweiter in der Umgebung.

Die Grazer Leechkirche, ein Juwel aus der Gotik, führt uns nicht nur in die Zeit des Mittelalters zurück. Schließlich befand sich an dieser Stelle ein hallstattzeitlicher Grabtumulus eines hochrangigen keltischen Fürsten, der auf dem Schlossberg vermutlich eine kleine Festung besaß.

Der Schlossberg

Der Schlossberg ist aus Graz wohl ebenso wenig wegzudenken wie der Fluss, der die Stadt in zwei Hälften teilt. Selbst der Name der steirischen Hauptstadt leitet sich von ihrem Wahrzeichen her, entwickelte sich Graz doch aus dem slawischen gradec (kleine Burg) und bezeichnete die Burganlage, die von slawischen Siedlern auf dem heutigen Schlossberg errichtet worden war. Auch die topografische Struktur der Stadt ist nicht von der Lage des Burgberges zu trennen, denn Graz entstand aus einer Marktgasse, die vom Fuß des einstmals kahlen Felsens zur Mur führte. Der Schlossberg ist also nicht nur im übertragenen Sinne das Herz der Stadt, auch historisch gesehen war es die Festung, von der sich die Lebensadern ausbreiteten.

Die Legende gibt dem Schlossberg einen mythisch begründeten Ursprung, soll es doch der Teufel persönlich gewesen sein, der den riesigen Steinbrocken ins Grazer Becken fallen ließ. Luzifer hatte sich als Jäger verkleidet auf eine Wette mit den Steirerleuten eingelassen. Diese waren begeistert von der Schönheit des Schöckelberges, der Teufel wies aber darauf hin, dass dieser nichts sei im Vergleich mit dem großen Rigi in der Schweiz. Er versprach jedoch, einen Berg dreimal so hoch wie den Schöckel zu erschaffen, wenn der Erste, der auf den dreifach getürmten Kegel klettere, ihm gehöre. Die Leute gingen aus Jux auf den „Handel" ein, ohne zu wissen, wer der Weidmann war, nur um zu erkennen, dass sie den „Bockfüßigen" selbst vor sich hatten. Dieser flog nach Afrika, brach ein riesiges Stück vom Mondgebirge ab und brachte es in die Steiermark. Im Flug sah er jedoch eine Prozession zur Osterzeit und erkannte, dass er in dieser Woche keine Macht auf Erden hatte. Dies ärgerte ihn so sehr, dass er den riesigen Felsen fallen ließ, der daraufhin in zwei Teile zerbrach. Ein Stück wurde zum hier beschriebenen Schlossberg, das andere zum Grazer Kalvarienberg, und es mag wohl mit diesem „höllischen Volksglauben" zu tun haben, dass beide Orte von zum Teil gruseligen Sagen umwoben sind.

Die Geschichte des Berges und seiner Festung ist reich, wenn auch nicht immer angenehm, entstammen die Gebäude dort doch einer Zeit von Not, Hunger und Tod. Zwar wurde die Festung nie eingenommen, es waren aber sowohl die Türken im 16. und 17. Jahrhundert als auch die Franzosen unter Napoleon, die den Ort belagerten. So ist es laut modernen Aufzeichnungen im Guinness-Buch der Rekorde auch die Wehranlage auf dem Grazer Schlossberg, die als „stärkste Festung" geführt wird, und nicht die Riegersburg, die in historischen Aufzeichnungen als „stärkste Feste der Christenheit" genannt wird.

Es sind zwei Monumente auf dem Schlossberg, die sehr eindringlich an diese kriegerische Zeit unserer Geschichte erinnern. Das erste ist der so genannte Türkenbrunnen, der seinen Namen dem Umstand verdankt, dass es türkische Gefangene waren, die zur Grabung der Kaverne gezwungen wurden. Legenden sprechen von großen Verlusten an Menschenleben, was wohl auch den Umstand erklärt, dass der Brunnen als verflucht gilt.

Orte voller Vergangenheit: Der Grazer Schlossberg soll seine Entstehung dem Teufel verdanken, die Reste der Festung erinnern an kriegerische Zeiten und an den Reichtum der einstigen Residenzstadt.

Das zweite Monument ist der Hackherlöwe, die Darstellung eines Löwen, der Wache haltend über die Murstadt blickt. Major Hackher war Armeeführer zur Zeit der Franzosenkriege, und es war seiner Umsicht zu verdanken, dass der Bevölkerung von Graz großes Leid erspart blieb. Seinem Mut wurde in der Gestalt des Löwen ein Denkmal gesetzt.

Eine „tierische Sage" ist die des Steinernen Hundes, der in den Legenden zum Wächter des Landes wird. Man erzählt, der Hund würde lebendig, wenn der Stadt Gefahr drohe, damit er die Bevölkerung erneut mit seinem Bellen vor dem Nahen des Feindes warnen könne, wie es tatsächlich bei einem Angriff auf die Murstadt der Fall gewesen sein soll.

Auf der Kuppe des Festungshügels befinden sich die Kasematten, heute ein beliebter Veranstaltungsort für verschiedenste kulturelle Events. Von Liederabenden bis hin zu Musicals und Opernaufführungen reicht die Bandbreite der angebotenen Veranstaltungen. Vor allem in den Sommermonaten erobern Massen von Kulturhungrigen den einstigen Festungsberg und beleben den historischen Ort bis in die späten Nachtstunden. Eine verschiebbare Dachkonstruktion über den ehemaligen Stallungen sorgt dafür, dass auch Schlechtwetter den Darbietungen nicht zum Verhängnis werden kann. Erst wenn die Lichter verlöschen und die moderne Ausstattung verstaut wird, lässt sich zumindest ein wenig erfahrbar machen, was den Charakter des Schlossberges ursprünglich geprägt hat.

Die Gründe dafür, dass Menschen in mittelalterlichen Kerkern gefangen gehalten wurden, sind heute kaum noch vorstellbar, ebenso wenig wie die Umstände, unter denen sie dort ihr Leben fristeten. Das zeitgenössische Strafrecht kannte drakonische Strafen für Vergehen, die heute – wenn überhaupt – mit einer Geldstrafe vergolten würden. Der Diebstahl eines Huhns, um die Familie vor dem Hungertod zu bewahren, reichte ebenso, wie bei einem Angehörigen der Oberschicht in Ungnade gefallen zu sein. Auf dem Schlossberg wurden bis zur Regierungszeit Maria Theresias vor allem politische Gefangene und in Missgunst stehende Adelige inhaftiert, später wurden die Kasematten als Hochsicherheitsgefängnis für das steirische Umland verwendet.

Wer sich die Zeit nimmt, an einer Führung der historischen Bauwerke des Schlossberges teilzunehmen, erhält einen verstörenden Einblick in die Methodik, mit der Inhaftierte dort behandelt wurden. Neben Dunkelheit, Krankheiten und Hunger war es auch Folter, die den Aufenthalt dort zu einem ausgesprochen unangenehmen Erlebnis machte. Die Folterkammer war so gelegen, dass Mitgefangene die Schreie der Malträtierten hören konnten, ein „Vorgeschmack“ auf das, was man zu erwarten hatte, wenn man selbst an die Reihe kam. Der heute so beliebte Glockenturm, in dem sich eine der größten Glocken der Steiermark befindet, diente in der Vergangenheit als Kerker für Schwerverbrecher und beherbergte auch die Räumlichkeiten und Instrumente für die peinliche Befragung.

Die Festung verfügte allerdings über keinen eigenen Hinrichtungsplatz, so mussten Verurteilte auf ihrem letzten Weg den Berg hinuntergebracht werden. Die Gefangenen wurden auf ihrem letzten Gang nicht selten dem Spott und der Grausamkeit der gaffenden Massen ausgesetzt, allerdings vermochten Stand und Ansehen die Unglücklichen zumindest vor diesem Schicksal bewahren: Die unterirdischen Gänge, die auch heute zum Teil noch zugänglich sind, führten vom Schlossberg bis zur Richtstätte und wurden als „Blutgasse“ bekannt.

Der Ursprung dieser Gänge ist allerdings in den Nebeln der Vergangenheit verloren, manche dürften auf natürliche Weise entstanden sein, andere wurden wahrscheinlich künstlich erschaffen. Bei Grabungen vor nicht allzu langer Zeit wurden menschliche Knochen gefunden, was zu wilden Spekulationen über Herkunft und Nutzung der Stollen geführt hat. Ein rätselhafter Kult soll dort gefeiert worden sein, und – noch rätselhafter – es sollen Menschen im Berg verschwunden sein. Angelockt von Legenden, die von der Existenz eines Schatzes im Herzen des

Von der einstigen Düsternis der Stollen im Schlossberg lässt sich heute kaum etwas ahnen. Doch die unterirdischen Gänge berichten von Hunger und Tod, von Gefängnissen und Folter.

Schlossbergs berichteten, drangen sie tief ins Innere des Berges vor, ohne je wieder gesehen worden zu sein. Ob das gefundene Skelett die Überreste eines solchen Glücksritters darstellt, ist bis heute unklar, dass der Ort lange Zeit für verflucht galt, ist durch diese Umstände jedoch einfach zu erklären.

Während des Zweiten Weltkriegs hatten die Schlossbergstollen jedoch eine gänzlich andere Funktion: Sie dienten als öffentliche Luftschutzbunker, denen viele Grazer und Grazerinnen ihr Leben verdanken. Zu neuem Leben erwachten die danach größtenteils verwaisten Gänge im Kulturjahr 2003. Ursprünglich als Ausstellungsräume genützte Stollen dienen nun als Veranstaltungsorte, so der Dom im Berg. Ein Lift sorgt außerdem dafür, dass es neben der Schlossbergbahn eine weitere bequeme Möglichkeit gibt, den Berg zu erklimmen.

Nicht öffentlich zugängliche Teile des Tunnelsystems werden von passionierten Modellbauern in Besitz genommen, allerdings ist es für „Normalsterbliche“ beinahe unmöglich, Zugang zu diesem Refugium zu erhalten.

Burgruine Gösting

Auch die Burgruine Gösting liegt – wie viele ihrer Schwesterburgen – eindrucksvoll auf dem Rücken eines Felsens, was Besuchern einen recht steilen Aufstieg abverlangt. In früheren Zeiten waren es auch noch die Seitenarme des Murflusses, die das Gelände zusätzlich unwegsam machten und die Burg vor Angriffen schützten. Wie die Riegersburg und die Festung auf dem Schlossberg war auch die Göstinger Burg eine Zufluchtsburg, ein Ort des Schutzes für die Leute aus dem Umland, wenn Gefahr drohte.

Heute thront die noch immer eindrucksvolle Ruine wie ein stummer Wächter über der Nordgrenze der immer weiter wachsenden Stadt. Wer von Leoben, Bruck oder Salzburg mit dem Auto nach Graz kommt, dem erscheint das historische Bauwerk als erster Vorposten der Mur-Metropole.

Der genaue Zeitpunkt, wann die Burg erbaut wurde, ist heute nicht mehr festzustellen. Ungarneinfälle im 11. Jahrhundert verpflichteten die Markgrafen dazu, für die Sicherheit der Bevölkerung zu sorgen, was die Errichtung von Fluchtburgen nötig gemacht hat. Nach der Ermordung eines der ersten vermutlichen Bauherren, Graf Gottfried, im Jahr 1050 sollte eigentlich sein Bruder Adalbero das Erbe antreten. In den Wirren des Investiturstreites fiel das Erbe aber an die Herren von Eppenstein, die Burgherren bei Judenburg. Auch in den Jahrhunderten, die folgten, war das Geschick der Burg ausgesprochen wechselhaft, musste sie doch sowohl den Anstürmen

Oben: Legenden über Jungfernsprünge sind in ganz Mitteleuropa verbreitet, waren sie einst Stätten vorchristlicher Kulte?
Unten: Die Burg von Gösting – Schauplatz großer Unglücke und elementarer Ereignisse.

des türkischen als auch des ungarischen Heeres standhalten, während ihre Besitzer häufig wechselten. Im frühen 18. Jahrhundert wurde die Festung dann auch noch vom Blitz getroffen, was die Grafen zu Attems, die zu dieser Zeit über die Burg herrschten, dazu veranlasste, ein Barockschloss am Fuße des Burghügels zu errichten. Die Dachsteuer, die Kaiser Josef II. am Ende des 18. Jahrhunderts erließ, trug noch weiter zum Verfall der Festung bei, wurden die Besitzer von Burgen und Schlössern doch dazu verleitet, die Dächer der sich in ihrem Besitz befindenden Anwesen abtragen zu lassen. 1945 vernichtete dann noch ein Brand weitere Teile der Burg – und das, obwohl sich der bereits 20 Jahre zuvor gegründete Burgverein liebevoll an die Restaurierung des historischen Schatzes gemacht hatte.

Die Legende der unglücklichen Anna von Gösting regte um 1860 einen unbekannten Künstler zu dieser dramatischen Darstellung an: „Anna Gösting: Der Jungfrau-Sprung.“ Druck(kopie) nach Holzstich.

Die Ruine Gösting ist heute ein Anziehungspunkt für Gäste aus dem In- und Ausland, die der Burgtaverne oder dem kleinen Museum die Ehre erweisen und etwas über die unbeständige und von Unglücken überschattete Geschichte der Burg im Norden von Graz erfahren wollen.

Wie die meisten Burgen hat auch diese mit einer Sage aufzuwarten: Eine junge Frau, die in vergangenen Zeiten auf der Festung gelebt hat, soll sich aus Liebeskummer oder aber auf der Flucht vor Verfolgern in die Tiefe gestürzt haben. Schroffe Felsvorsprünge in ganz Mitteleuropa tragen denselben Namen, und es ist dieselbe Sage, die über alle Jungfernsprünge erzählt wird. Wer glaubt, dass diese Legende dem Jungfernsprung seinen Namen gab, irrt jedoch. Denn die Sagenexpertin Annemarie Reiter kann zu diesem Thema mit einem anderen Aspekt aufwarten: „Der Name Jungfernsprung ist (...) auf eine volksetymologische Umdeutung der altslawischen Benennung einer vorchristlichen Kultstätte zurückzuführen, die beim Sonnenaufgang im Schatten lag oder Schatten warf. Ihr lag, meist durch einen Wasserlauf getrennt, fast immer ein entsprechendes Heiligtum gegenüber, das den ersten Sonnenstrahl empfing.“

Schloss Eggenberg

Die Burg zu Gösting ist nicht das einzige grandiose Bauwerk, das auch heute noch einlädt, in die jahrhundertealte Geschichte der Murstadt einzutauchen. Einige Jahrhunderte jünger als die sagenumwobene Festung im Norden von Graz ist das Schloss der Familie der Eggenberger, das auch heute noch hervorragend erhalten ist, sowohl was die Außenfassade als auch was die prunkvollen Innenräume anbelangt. Die Räumlichkeiten des Schlosses beherbergen eine Ausstellung über die Jagd und ein ur- und frühgeschichtliches Museum, das in die österreichische Historie entführt und Heimat einzigartiger Fundstücke aus der näheren und weiteren Umgebung ist. Im Schlosspark befindet sich außerdem ein Lapidarium, das bedeutende Zeugnisse römischer Herrschaft in der Steiermark beherbergt.

Neben diesen musealen Einrichtungen hat sich Eggenberg stark der Kultur verschrieben. Bei Kerzenlicht werden klassische Musikstücke in den alten Prunkräumen aufgeführt und schaffen auf diese Weise ein Kunst-Erlebnis, das alle Sinne anzusprechen vermag. Im flackernden Schein der Kerzen bekommen Besucher dieser Konzerte oft tatsächlich das Gefühl, der Moderne für einige Momente entfliehen zu können und in jene Romantik einzutauchen, mit denen Prunkbauten vergangener Zeiten so gerne in Verbindung gebracht werden.

Der Schlosspark ist unter anderem ein beliebter Ort für Liebende, laden die verschlungenen Pfade doch vor allem in der warmen Jahreszeit zum Flanieren und Sich-Verlieren ein. Eine Nutzung für Hochzeiten oder zumindest für die Fotos des Jubeltages liegt nahe, und es sind Pärchen aus aller Welt, die sich in dem stilsicheren Ambiente des Schlosses das Jawort geben. Die jüngeren Gäste werden meist von den tierischen Bewohnern des Parks angezogen, so kann am Eingang Pfauenfutter erstanden werden, mit dem die prächtigen Vögel angelockt werden.

So bekannt und beliebt das Schloss im Westen von Graz auch sein mag, so haben seine Mauern doch auch mehr als ein Geheimnis zu bieten, das zu ergründen es auf jeden Fall lohnt.

Bereits der Name des Schlosses, der auf eine der bekanntesten Familien des Steirerlandes zurückgeht, lässt uns auf wenig bekannte Facetten steirischer und österreichischer Geschichte stoßen. Die Familie der Eggenberger entstammte in ihren Ursprüngen wohl dem Bürgerstand, durch geschickte Geldgeschäfte gelang es den Mitgliedern jedoch bald, in den Adelsstand erhoben zu werden.

Die erste schriftliche Erwähnung eines Eggenbergers findet sich bereits im 15. Jahrhundert, als Ulrich Eggenberg (Ulreich Egkenperger) als Ratsbürger und Stadtrichter von Graz in Erscheinung tritt. Im selben Jahrhundert erwarb ein Nachfahre Ulrichs – Balthasar – den Grund, auf dem das heutige Schloss steht, und nutzte den „Orthof“ als Edelsitz.

Der Bau des prunkvollen Gebäudes in seiner heutigen Form geht jedoch ins 17. Jahrhundert zurück, wobei einige Teile bereits existierten und in den Neubau integriert wurden. Die

Architektur hat höchst symbolischen Charakter, an Anleihen von bekannten Bauwerken in Italien fehlt es nicht. Die Erbauung des Schlosses stand unter der Ägide von Hans Ulrich von Eggenberg (1568–1634), der wohl bekanntesten Persönlichkeit des Familiengeschlechtes der Eggenberger. Als eines von fünf Kindern in Graz geboren und aufgewachsen, besuchte der junge Adelige die protestantische Universität in Tübingen, trat später jedoch zum Katholizismus über. Auf seinen Reisen, die ihn unter anderem nach Italien und Spanien führten, erlernte er verschiedene Fremdsprachen und traf bedeutende Künstler und Baumeister seiner Zeit. Er schaffte es, zu einem der Berater und Freunde Kaiser Ferdinands II. aufzusteigen, wurde Landeshauptmann von Krain, Vorstand des Geheimen Rates und Gubernator von Niederösterreich. Er heiratete im Alter von 30 Jahren Sidonia Maria von Thannhaus, deren Vater beim Kaiserhof in hohem Ansehen stand.

Anders als bei den meisten Ehen dieser Zeit war das Paar jedoch nicht nur durch Verpflichtung, sondern auch durch aufrichtige Liebe verbunden. Als Sidonia im Jahr 1614 verstarb, verfiel Ulrich in tiefe Trauer und weigerte sich für den Rest seines Lebens, sich neu zu vermählen. Mit vier Töchtern und einem Sohn war die Erblinie der Familie nur schwach abgesichert, was diese Entscheidung umso ungewöhnlicher machte.

Der Moderne für einen Moment entfliehen – wo könnte man besser in die Romantik vergangener Zeiten eintauchen als im prunkvollen Schloss der Fürsten von Eggenberg.

Die herausragende Persönlichkeit Hans Ulrichs spiegelt sich auch in der Bauweise des Schlosses wider, er hatte das Programm festgelegt, wiewohl die prachtvolle barocke Ausstattung des Anwesens von der nächsten Generation, von Fürst Johann Seyfried von Eggenberg, vollendet wurde.

Tritt man von außen an das Schloss heran, so erkennt man auf den ersten Blick nicht sehr viel mehr als ein quadratisches Bauwerk mit vier Türmen und einer Vielzahl an Fenstern. 365 sind es, die die Fassade zieren, und es ist kein Zufall, dass dies die Anzahl der Tage eines Jahres ist. Die Ecken des Gebäudes sind nach den Himmelsrichtungen ausgerichtet, und die vier Türme

Die Wand- und Deckenmalereien im Planetensaal des Schlosses Eggenberg vom Fürstlich Eggenbergischen Hofmaler Hans Adam Weißenkircher aus dem Jahr 1684/85 folgen einem reichen allegorischen Programm. Das Konzept entspricht in seiner Gesamtheit dem alchemistisch-hermetischen Verständnis des Universums.

stehen für die Jahreszeiten. Das Schloss beherbergt 24 Prunkzimmer, eines für jede Stunde des Tages, und die Zahl der Fenster in diesen Räumen beträgt 52, genau so viele, wie es Wochen (oder Sonntage) im Jahr gibt. Werden die acht Fenster des Planetensaales dazugezählt, kommt man auf die Zahl 60: die Sekunden der Minute und die Minuten der Stunde. In der Beletage gibt es genau 52 Türen, was nahe legt, dass diese die Wochen des Jahres versinnbildlichen sollen.

In den Wand- und Deckenmalereien des Planetensaales finden sich die sieben Wochentage und die Monate des Jahres.

Manche Quellen legen die Deutung nahe, dass es sich um eine Hommage an die Welt der Mathematik und Naturphilosophie handelt – eine Theorie, die durch zwei zeitgenössische Bücher Johannes Keplers, die „Mysteria Cosmographica“, und die „Tabula Rudolfinae“, die sich auch in der Bibliothek des Schlosses befinden, be-

legt werden soll. Der Planetensaal enthält aber auch Darstellungen von Sternzeichen, Elementen und Sternbildern, was auch noch zahlreiche andere Versionen zulässt.
Kalender und die mit ihnen verbundenen Symbole führen neben der naturphilosophischen auch auf eine naturmagische Ebene, die in verschiedenen mythischen, kultischen und okkulten Traditionen zu finden ist. Gerade solche Lehren waren es auch, die immer wieder vor allem hochgestellte Persönlichkeiten verschiedener Jahrhunderte zu faszinieren vermochten. Außerdem stehen sowohl die Symbole der Tierkreiszeichen als auch die des Kalenders in der Tradition antiker Mythologien, die den Wochentagen, Tierkreiszeichen und Monaten zum Teil den Namen gegeben haben. Diese Symbole waren immer wieder Grundlagen für magische und esoterische Strömungen innerhalb und außerhalb christlicher Gemeinschaften.
Was Ulrich von Eggenberg tatsächlich dazu bewog, sein Schloss zu einem Kunstwerk der Naturmystik zu machen, sei dahingestellt.

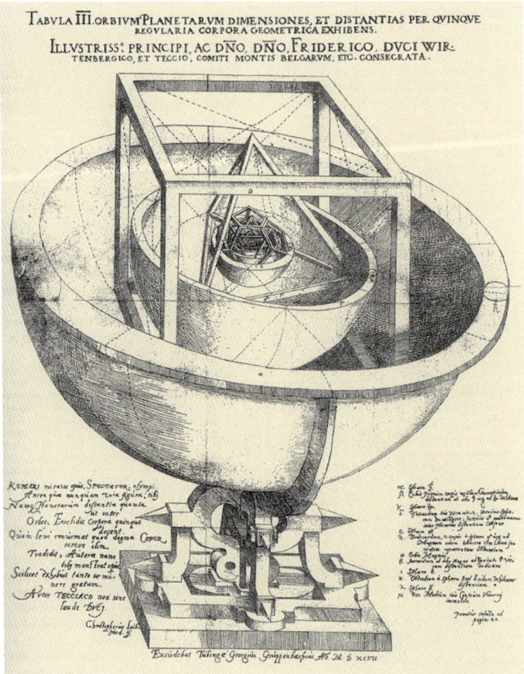

In seinem Erstlingswerk „Mysterium Cosmographicum", dem heiligen Geheimnis der Kosmographie, enthüllt Johannes Kepler (1571–1630) die mathematischen Beziehungen, die er als Basis aller Vorgänge in der Natur betrachtet. Das Werk erschien erstmals im Jahr 1596.

Fakt ist jedoch, dass er sich in „seinem" Schloss selbst ein Denkmal setzte, obwohl er die Fertigstellung nicht mehr erleben konnte.
Bereits im frühen 18. Jahrhundert ging das Anwesen durch das Aussterben der männlichen Linie in den Besitz eines anderen Fürstengeschlechtes über – der Name der Eggenberger blieb aber auch nach dieser Zeit untrennbar mit dem Prunkbau verbunden.
Vor einigen Jahren wurde nun auch der ehemalige Küchengarten des Schlosses wieder auf seinem ursprünglichen Platz angelegt – als Schaugarten, in dem sich das Konzept der Naturphilosophie widerspiegelt. Jeder Abschnitt ist einem bestimmten Planeten zugeordnet, und sowohl Pflanzen als auch Form sollen die Qualitäten und symbolische Bedeutung der Himmelskörper darstellen. So ist der Bereich des Mondes beispielsweise in Silber und Weiß gehalten, während die Sonne in ihren kräftigen Farben erscheint. Statuen und Schautafeln vervollständigen das Erscheinungsbild, wobei auch nicht planetenkundige Besucher mit deren verborgenen Aspekten und Eigenschaften

vertraut gemacht werden. Wer die Darstellungen im Planetensaal besser verstehen möchte, dem ist ein Ausflug in den Schlossgarten ans Herz zu legen, birgt dieser doch mehr als nur Glücksmomente für passionierte Gärtner.

Ich kann nicht glauben, wie blind wir manchmal für das Umfeld sein können, in dem wir leben. Ich meine, ich bin in Graz geboren und aufgewachsen, und ich kann mich erinnern, dass ich schon als Kind Ausflüge zum Schloss Eggenberg gemacht habe. Die Pfauen dort haben mich immer schon fasziniert, und ich habe im Park Verstecken gespielt. In der Schulzeit sind wir dann als Klasse ins Museum gegangen, und wir haben – glaube ich – sogar das Innere des Schlosses gesehen. Und natürlich kenne ich die Geschichte von der Ahnfrau der Eggenberger, die als Todesbotin auftritt.

Ich habe aber nicht gewusst, wie durchdacht die Architektur des Gebäudes ist und welche Symbolik dahinter steht. Dabei interessiere ich mich total für solche Sachen, und ich hätte die Fenster wahrscheinlich sogar eigenhändig gezählt, wenn mir das jemand gesagt hätte. Irgendwie ist es schon stark, ich weiß wahrscheinlich mehr über manche Orte auf der anderen Seite der Welt als über meine eigene Heimatstadt und die Schätze, die sich hier befinden. Das heißt aber auch, dass es mir nie langweilig werden wird, weil ich so viel entdecken und erforschen kann. Vielleicht sollte ich mir einfach die Zeit nehmen, Touristin bei mir zu Hause zu sein.

(Sophie, 28, Graz)

Der Kalvarienberg

Der Grazer Raum kennt zwei Orte mit diesem Namen: einen im Raum Gösting, einen weiteren in St. Radegund.

Kalvarienberge haben eine starke Tradition im gesamteuropäischen Raum, stellen sie doch Orte christlichen Volksglaubens dar, die meist zu beliebten Zielen von Wallfahrten wurden.

Der Name geht auf die Leidensgeschichte Christi in den Evangelien zurück. Die Bibel beschreibt die letzten Stunden Jesu mit großer Genauigkeit und erwähnt, dass er auf dem Hügel von Golgatha, der Schädelstätte genannt wurde, den Tod fand. Übersetzt man Schädel wiederum ins Lateinische, so erhält man das Wort calva, den Wortstamm von Kalvarienberg.

Der ursprüngliche Name des Göstinger Kalvarienberges lautet Austein, und er ist, wie bereits erwähnt, der Legende nach auf die gleiche Weise entstanden wie der Schlossberg. Als der Teufel wutentbrannt einen riesigen Felsen auf das Murtal schleuderte, zerbrach dieser in zwei Hälften: eine davon ist der Schlossberg, die andere der Kalvarienberg – oder besser gesagt Austein. Es ist anzunehmen, dass sich dort im Mittelalter eine Befestigungsanlage oder eine kleine Fluchtburg befunden hat. Diese war jedoch bereits verfallen, als zu Beginn des 17. Jahrhunderts drei Kreuze auf der Spitze des Hügels errichtet wurden, die einen starken Anziehungspunkt für zahlreiche Pilger und Pilgerinnen darstellten. Hier begegnen wir der besonderen Bedeutung der Zahl Drei, der heiligen Zahl, der Zahl der Vollkommenheit in der christlichen Glaubenswelt. Und so wurde auch die Größe und Macht des religiösen Symbols, des Kreuzes, dadurch verstärkt, dass es in dreifacher Ausfertigung aufgestellt wurde. Auch im Heimatmuseum von Stübing finden sich Reproduktionen von dreifachen „Wetterkreuzen", die an Wegkreuzungen gefunden wurden. Eine andere Erklärung für eine dreifache Kreuzesgruppe ist natürlich, dass Jesus von zwei anderen zum Tode Verurteilten flankiert war, als er den Kreuzestod starb. Im Volks- und Aberglauben kommt der Zahl aber besondere Bedeutung zu, die sich nicht allein durch die Bibel erklären lässt. „Aller guten Dinge sind drei", lautet eine Volksweisheit, und auch in Märchen wird der Drei große Wichtigkeit beigemessen. Drei Tropfen Blut von Schneewittchens Mutter, drei Schwestern bei Aschenbrödel und drei Prüfungen für den Suchenden nach dem Wasser des Lebens sind nur einige Beispiele dafür. Das Errichten von drei Kreuzen dürfte neben religiösen also auch magische Hintergründe haben, wurde doch durch die besondere Zahl verstärkt darauf hingewiesen, wie mächtig der Ort war, an dem sie aufgestellt wurden.

Der Künstler Werner Hofmeister setzte den zwölf Kreuzwegstationen des Kalvarienbergs eine 13. hinzu: die „Tabula saltandi". Diese Kreuzigungsdarstellung aus dem Kulturhauptstadt-Jahr 2003 kehrt die Leidensmetapher in eine Allegorie für Freiheit und Grenzenlosigkeit um.

In jener ersten Hälfte des 17. Jahrhunderts wurde der Kreuzweg zu einer bedeutenden Kalvarienberg-Anlage im zentraleuropäischen Raum ausgebaut und war Ziel von unzähligen Pilgerreisen, was auch darin begründet liegen mag, dass die Gläubigen sich dadurch über den Zeitraum von sieben Jahren (1657–1664) sogar den päpstlichen Ablass – und damit ihren Eingang ins Himmelreich – sichern konnten.

Zu dieser Zeit lag der Austein ein gutes Stück außerhalb von Graz im Norden der Stadt, und es waren verschiedene Kreuzwegsäulen, die den Weg zum Heiligen Grab auf dem Kalvarienberg wiesen. Einige davon sind auch heute noch erhalten, wie zum Beispiel die Station auf dem Lendplatz, einer der ersten Wegweiser, der Gläubige von der Mariahilferkirche als Ausgangspunkt zum Ziel führen soll. Die 28 Stufen, die den Hügel hinaufführen, haben ebenfalls stark symbolischen Charakter, sie sollen jene Stufen dar-

1658 wurde die Kreuzigungsgruppe auf dem Kalvarienberg geweiht, die dem Symbolgehalt der Drei, der heiligen Zahl der christlichen Glaubenswelt, besonders eindrucksvoll hervorhebt. Zwei Jahre später besuchte auch Kaiser Leopold I. den „neuen Berg Calvaria in der Maschwander-Au".

stellen, die der gefangene Jesus zum Haus des Pilatus zurücklegen musste. Um diesen Umstand zu ehren, wird diese Strecke von den Gottesfürchtigen zur Osterzeit auf Knien zurückgelegt – eine Art des historisch-religiösen Re-Enactments, also der möglichst realen Wiederholung eines vergangenen Geschehens, wie es auch in anderen Teilen der christlichen Welt zu finden ist.

Sosehr der Kalvarienberg auch der bildlichen Darstellung des Leidens und Sterbens Christi gewidmet sein mag, so sehr hat jedoch auch eine völlig andere Seite des Glaubens Eingang in die religiöse Praxis des Wallfahrtsortes gefunden. Die so genannte Dismaskapelle wurde im 17. Jahrhundert auf den Überresten einer Pestkapelle erbaut und ist der Gottesmutter geweiht. Außerdem integriert der Kalvarienberg auch das steirische Umland, um das religiöse Empfinden der Menschen zu entfachen. Unter dem Wallfahrtsort erstreckt sich das Grazer Becken mit seinen Hügeln und der Mur, die hier ruhig dahinfließt. Damit gliedert sich der Kalvarienberg in eine Reihe von Pilgerorten ein, die neben den von Menschen gefertigten Kultobjekten auch auf die Schönheit der Natur setzen, um Göttlichkeit begreifbar und erfahrbar zu machen.

Auf dem Weg ins Himmelreich: Mariagrün und Mariatrost

Das überwältigend katholische Erbe der Steiermark und Österreichs zeigt sich an den unzähligen Kirchen, Kapellen und Marterln, die überall im Land zu finden sind. Eine nicht übersehbare Anzahl von ihnen wurde als Ziel für Pilgerfahrten ausgewählt, und selbst heute sind es noch Tausende von katholischen Gläubigen aus dem In- und Ausland, die auf Wallfahrten ins Steirerland kommen. Die wohl bekannteste und bedeutendste Wallfahrtskirche in der Grünen Mark ist zweifellos Mariazell, die an anderer Stelle genauer beschrieben wird. Aber auch im Osten von Graz befinden sich zwei Gotteshäuser, die bereits seit Jahrhunderten Ziel frommer Pilgerscharen sind – nicht zuletzt wegen ihrer Gnadenbilder der Gottesmutter, denen Wundertätigkeit nachgesagt wird.

Die Geschichte von Mariagrün beginnt mit einem solchen Wunder: Die Frau eines Grazer Wirtes soll nach innigen Gebeten zur Jungfrau einen gesunden Knaben zur Welt gebracht haben, obwohl sie zuvor in heftigen Schmerzen lag. Der dankbare Vater errichtete daraufhin ein Marienheiligtum, wie er es in seinen Bitten gelobt hatte, und aus diesem anfangs kleinen Andachtsraum soll sich später die Kirche von Mariagrün entwickelt haben.

Die Vergangenheit des Wallfahrtskirchleins ist jedoch nicht nur von Glück beschienen. Im Jahr 1680 musste die Pfarre geschlossen werden, weil Bettler den Schwarzen Tod dorthin gebracht hatten und die Seuche sich von dort aus weiter verbreitete.

Der Beliebtheit der Kirche tat dies jedoch auf lange Sicht keinen Abbruch. Peter Rosegger heiratete dort im Jahr 1873 seine erste Frau Anna Pichler. Die Erhaltung des umliegenden Waldlandes lag dem bekannten steirischen Heimatdichter besonders am Herzen. Ein Gedenkweg durch den Wald regt mit Gedichten und Zitaten Roseggers zum Innehalten und Nachdenken an. Noch heute wird das Gotteshaus im Grünen gerne als Ziel für den Sonntagsspaziergang der Grazerinnen und Grazer gewählt, wobei das Interesse sowohl der Kirche an sich gilt wie auch dem Ruhe spendenden Grün, von dem sie noch immer umgeben ist.

Die Wallfahrtskirche von Mariatrost wurde von Papst Johannes Paul II. zur Basilika ernannt und hat Mariagrün trotz ihres jüngeren Alters an Bedeutung überholt. Der Legende nach soll sich zwar bereits vor dem 15. Jahrhundert eine Kirche an dieser Stelle befunden haben, diese wurde aber von den Ungarn und Tataren zerstört. Die Anhöhe erhielt daraufhin den Namen „purer Berg“, was für die lange übliche Bezeichnung Purberg verantwortlich ist.

Im Jahr 1636 wurde von der Familie von Wilfersdorf an dieser Stelle eine Hauskapelle errichtet, angeblich um für die Wunderheilung der tödlich erkrankten Tochter zu danken. Histo-

Monumental thront die Kirche Mariatrost auf dem Purberg, flankiert von den beiden Klosterflügeln.

rische Quellen zeigen jedoch, dass es zu besagter Zeit keinen weiblichen Nachfahren der ansässigen Familie gab. 40 Jahre später wurde eine spätgotische Madonna aus dem Stift Rein nach Mariatrost übersiedelt. In der Barockzeit erhielt diese jedoch eine „modernere Gewandung", die den Stil des Bildes veränderte. Auch dieser Statue wurde bereits nach kurzer Zeit Wundertätigkeit nachgesagt, was von der Amtskirche anfänglich scharf kritisiert wurde. Im frühen 18. Jahrhundert verzeichnete man jedoch bereits 180.000 Pilger innerhalb eines Jahres, und bald darauf erfolgte die Anerkennung als Wallfahrtskirche.

Das Bauwerk zeigt sich heute in barockem Kleid. Opulente Darstellungen und reicher Goldschmuck prägen den Innenraum mit den verschiedenen Altären. Gerade dieser Pomp ist es wohl auch, der die beiden mit Gold verzierten Glaskästen zu beiden Seiten des Hauptaltares leicht übersehbar macht. Aus der Entfernung ist schwer erkennbar, was sich unter den reichen Stoffen verbirgt, die im Halbdunkel der Vitrinen liegen. Erst wer sich die Mühe macht, auf den kleinen Sockel zu steigen, um näher heranzukommen, erkennt, dass es sich bei den ein wenig bizarr anmutenden Formen um menschliche Skelette handelt. Die Schädel sind leicht zur Seite gerollt und geben den Blick auf unvollständige Zahnreihen frei, ein Indiz für die Echtheit der sterblichen Überreste. Im selben Moment fällt jedoch auf, dass die Proportionen der Körper nicht stimmen. Die Schädel wirken groß genug für einen Erwachsenen, aber die Länge der Körper und der Extremitäten scheinen eher auf Kinder hinzuweisen. Die Schmuckgewänder machen es schwierig zu erkennen, dass die Knochen ineinander geschoben und sorgfältig drapiert wurden – offensichtlich, um Platz zu gewinnen. Die lateinischen Inschriften verraten nicht, um wessen Gebeine es sich bei den zur Schau gestellten Skeletten handelt, und so bleibt Unwissenden oft nicht mehr, als sich mit einem Gefühl der Verwunderung abzuwenden und sich zu fragen, was zwei Tote, ausgestellt hinter Glas, auf den Seitenaltären einer Wallfahrtskirche verloren haben. Erst die Broschüre, die es in der Eingangshalle des Gotteshauses zu erstehen gibt, enthüllt, dass es sich um die sterblichen Überreste von zwei Heiligen handelt, die dort zur Anbetung platziert wurden.

Der Orden der Pauliner konnte für Mariatrost im Jahr 1711 die kirchliche Anerkennung als Wallfahrtsort erreichen, worauf die Kongregation 1714 den Grund für Kirche und Kloster legte. 1746 schließlich wurde die vom Grazer Baumeister Andreas Stengg auf dem Purberg errichtete Kirche geweiht. Holzstich nach Richard Püttner, 1880.

Reliquien, lateinisch für Überbleibsel (reliquiae), werden die ein wenig morbid anmutenden Kultgegenstände genannt, die sich seit den Kindertagen des Christentums großer Beliebtheit erfreuen. Zwar ist die Hochblüte der Reliquienverehrung längst vorbei, die Geschichte einer nicht zu unterschätzenden Anzahl von Gotteshäusern ist jedoch untrennbar mit ihren Erinnerungsgegenständen von verstorbenen Heiligen verbunden. Auch die Mariatroster Kirche soll bereits in ihren Gründungstagen von einem „Mitbringsel“ aus dem Heiligen Land profitiert haben. Ein Splitter des „Wahren Kreuzes“, an dem Jesus zu Tode gekommen sein soll, wurde der Sage nach von Kreuzrittern in die Steiermark gebracht und am Grazer Purberg verehrt. Ob dies tatsächlich der Realität entspricht, sei dahingestellt, die Zeit des vermeintlichen Geschehens deutet jedoch darauf hin, dass tatsächlich ein Kultobjekt von den Kreuzzügen in die Murstadt gebracht worden war. Reliquien erlebten im Mittelalter eine erste Hochblüte, und es war nicht zuletzt eine machtpolitische Angelegenheit, ob sich eine Kirche oder ein Wallfahrtsort des Besitzes einer solchen rühmen konnte. Reliquien wurden zu Werbeträgern, mit denen die Pilger zu bestimmten Orten gelockt werden sollten.

Bald trieb der Kult jedoch sonderbare Blüten, die nicht überall auf Wohlwollen stießen und fast komödiantische Seiten annahmen: Außer Kreuzessplittern, Knochen von Heiligen und Gewandstücken von Märtyrern wurden auch Gegenstände verehrt, die den Rahmen der strengen christlichen Lehre sprengten. So wurden ne-

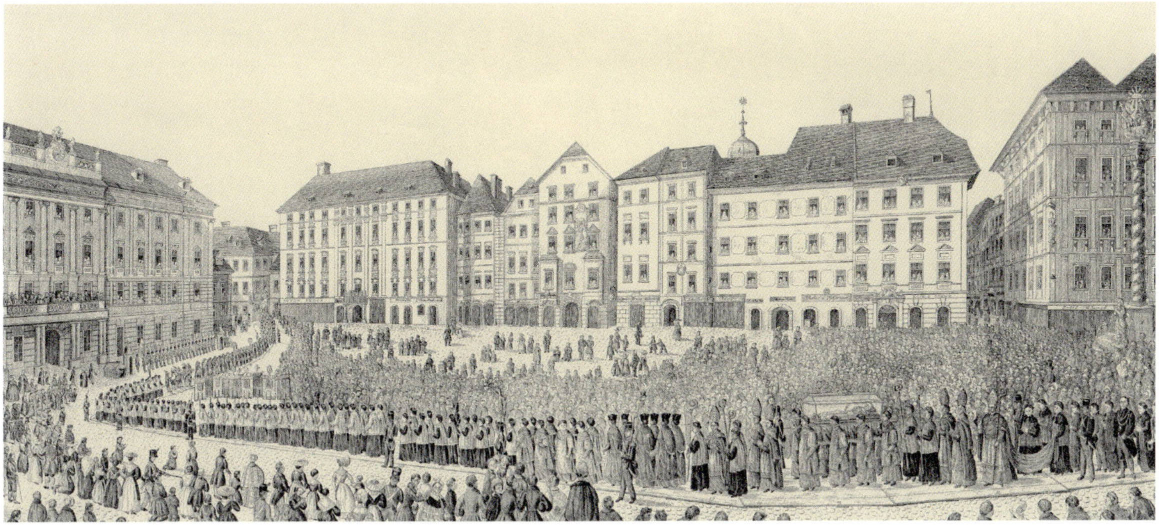

„Feierliche Prozession bei Gelegenheit der Uebertragung der Reliquien DES HEILIG. BENIGNUS UND DER HEILIG. DONATA SAMMT IHREM SÖHNLEIN", ca. 1838. Lithographie von Alex Maschek. Der hl. Benignus, der Apostel Burgunds, stammte aus Kleinasien und missionierte unter Kaiser Amelionus (214–275) Gallien. Er starb in Dijon. Die hl. Donata starb der Legende nach als Märtyrerin im Jahr 180 in Karthago.

ben dem in Gefäßen aufbewahrten Atem Jesu auch seine Nabelschnur und Stücke seiner Windeln angebetet. Ein Teil des Galgenstrickes des Verräters Judas gehörte zu den negativen Überbleibseln, den so genannten Hassreliquien. Besonders pikant wird es jedoch dort, wo es sich um sehr intime Körperteile des Messias handelt. So rühmten sich etwa 13 verschiedene Kirchen in Europa, die wahre Vorhaut Jesu in ihrem Besitz zu haben. Die hl. Katharina von Siena soll außerdem behauptet haben, eben jenes Hautstück, das der Heiland bei seiner Beschneidung verloren haben musste, im Zustand einer Trance als Verlobungsring erhalten zu haben. Allerdings konnte nur sie selbst dieses besondere Geschenk des Gottessohnes sehen. Im Jahr 1900 schob der Vatikan der Verehrung dieser delikaten Reliquie jedoch einen Riegel vor. Kirchen wurde es unter Androhung des Kirchenbannes verboten, Gläubige mit der Behauptung anzulocken, sie seien im Besitz der „Heiligen Tugend", wie die Vorhaut des Herrn dezenterweise genannt wurde.

Interessant ist auch, dass manche Reliquien sich regelrecht im Widerspruch zu katholischen Glaubensdogmen befinden, was nicht selten zu Anklagen wegen Ketzerei geführt hat. Die Verehrung der Eier des Heiligen Geistes weist diesen Aspekt der Dreifaltigkeit als eindeutig weiblich aus. Wie sonst sollte die Taubengestalt dazu fähig sein zu brüten? Tatsächlich finden sich die mythischen Wurzeln der Gestalt des Heiligen Geistes bei der „weiblichen Seite Gottes", so wurde die Taube der sumerischen Göttin Inanna zugeordnet. Aus dem Wort für Taube – Iahu – dürf-

Die Basilika Mariatrost bietet neben ihrer architektonischen und künstlerischen Vielfalt auch mystische Reliquien. Das sagenumwobene Skelett einer Heiligen harrt hier der Anbetung.

te sich später der Name Jahwe entwickelt haben. Anderen Quellen zufolge könnte es sich bei der göttlichen Taube aber auch um Shekinah handeln, die als „weibliches Gesicht Gottes" gesehen wurde.

Auch bei der Verwendung von Reliquien sah sich die Amtskirche nicht selten gezwungen, den religiösen Praktiken Einhalt zu gebieten. Die Verehrung von sterblichen Überresten herausragender oder als heilig erlebter Personen ist weder ein christliches Phänomen, noch tritt es erst in Zeiten des Christentums in Erscheinung, wofür Ursachen für die so genannten „Fehlentwicklungen" zu finden sein könnten. Talismane, also der Gebrauch eines als Segen bringend angesehenen Gegenstandes zum Schutz vor Übel oder zum Herbeirufen positiver Kräfte, sind bereits weit früher durch archäologische Funde belegt. So waren es nicht erst mittelalterliche Armeen, die durch das Mitführen von Reliquien glaubten, das Kampfgeschehen zu ihren Gunsten beeinflussen zu können. Der Kopf des Bran wurde bereits in der keltischen Legende noch lange Zeit von seinen Kampfgefährten mitgeführt und soll diese vor Niederlagen bewahrt haben. Noch heute soll diese vorchristliche Reliquie unter dem Tower in London begraben sein und die Stadt vor feindlichen Angriffen schützen.

Gerade diese Verwendung von Reliquien als Talisman oder Amulett lässt sich jedoch nur schwer von magischen Praktiken unterscheiden, wie sie im Volksglauben des Mittelalters weit verbreitet waren, wie literarische Dokumente dieser Zeit – die „Merseburger Zaubersprüche“ etwa – beweisen. Dass die Hintergründe hier ein wenig anders ausgesehen haben dürften, jedoch eine logische Konsequenz der Reliquienverehrung waren, liegt nahe. Wenn die Gebeine von Heiligen deren positive Energie speichern konnten, wie dies der Kult impliziert, so sollte dies auch bei den Überresten von Lebewesen generell möglich sein. Und so wurden Talismane und magische Tinkturen nicht nur unter Zuhilfenahme christlicher Reliquien hergestellt, sondern auch mit Körperteilen von Tieren oder sogar Menschen beziehungsweise Gegenständen, die zu ihnen in Beziehung standen.

Reliquienverehrung gibt es im Christentum schon seit dem 2. Jahrhundert. Der religiösen Verehrung kam dabei besondere Bedeutung zu, denn ihr wurden viele Wunder zugesprochen.

Denkweisen wie diese scheinen uns heute ebenso weit entfernt zu sein wie die Anbetung von menschlichen Gebeinen in den Glaskästen einer Grazer Wallfahrtskirche. Auch die heutige Zeit kennt jedoch sehr wohl den Kult um Reliquien. Wer einen Blick auf die Seite des Internet-Auktionshauses „ebay“ wirft, der wird möglicherweise Handelsstücke finden, die dort nicht zu erwarten wären. In der ersten Hälfte des Jahres 2005 stand dort ein Schnitzel zur Versteigerung, auf dem das Gesicht des kürzlich verstorbenen Papstes Johannes Paul II. erkennbar sein sollte. Das eher ungewöhnliche Stück fand tatsächlich Abnehmer, die bereit waren, mehr als 1000 Euro für das vakuumverpackte Fleisch zu bezahlen. Ähnlich hohe oder sogar noch höhere Preise erzielen jedoch Kultobjekte, die von nicht religiös motivierter Verehrung zeugen. Private Sammler zahlen Unsummen für Gegenstände, die mit berühmten verstorbenen Personen in Zusammenhang stehen. Eine Haarlocke Mozarts oder ein Bühnenkostüm von Elvis Presley werden hier ebenso zum Objekt kultischer Verehrung wie ein Kleid Marilyn Monroes oder ein Reitstiefel der Kaiserin Elisabeth von Österreich. Die Personen, von denen diese modernen Reliquien stammen, müssen allerdings nicht zwingend verstorben sein, auch ein verschwitztes T-Shirt von Britney Spears erlangte bei einer Internetauktion einen Preis im vierstelligen Zahlenbereich.

So fremd der Anblick der sorgfältig drapierten Skelette in den Glaskästen der Wallfahrtskirche Mariatrost auch im ersten Moment erscheinen mag, so zeigt es doch auch, dass hinter der Maske der Veränderung nicht selten nur eine andere Facette des Bekannten steht.

Ulrichsbrunn

Ulrichsbrunn liegt verborgen, umgeben von hohen Bäumen, auf einer Lichtung auf der Andritzer Seite des Rainerkogels. Eine dem hl. Ulrich geweihte Kirche steht dort zwischen Waldrand und Hortensienbüschen. Lange Zeit war die Landschaft um das Kirchlein von großen Wiesen und Ackerflächen geprägt, heute ist die unmittelbare Umgebung eine ruhige Wohngegend. Erstmals urkundliche Erwähnung findet der Ort im Jahr 1572, als der Forstwald um die dort befindliche Kapelle als „in der Weinitzen" bezeichnet wird. Eine Sage erzählt, dass Ulrich von Eggenberg die Heilquelle um 1300 gefunden haben soll, was historisch keinesfalls haltbar ist. Eine andere Legende berichtet, dass Graf Ulrich von Gösting gerne in den Wäldern von Andritz zu jagen pflegte. Er litt, seitdem er aus türkischer Kriegsgefangenschaft heimgekommen war, an immer wiederkehrenden Fieberanfällen. Als er eines Tages im Weinitzenwald erschöpft aus einer Quelle trank, die häufig von Tieren aufgesucht wurde, soll ihm dieses Wasser auf wunderbare Weise Linderung verschafft haben. Daraufhin kam der Graf jeden Tag zu der heilkräftigen Quelle, um daraus zu trinken, und nach kurzer Zeit war er von seiner Krankheit völlig geheilt. Zum Dank ließ er seinem Namenspatron, dem hl. Ulrich, ein Kreuz aus Mauerwerk und Stein errichten. Die Quelle soll damals den Namen Ulrichsbrunn erhalten haben.

Da es relativ viele Heilquellen gibt, die den Namen Ulrichsquelle oder Ulrichsbründl tragen, lohnt sich ein Blick auf den Namenspatron. Der hl. Ulrich wurde um 890 geboren und wurde später Bischof von Augsburg. Er erfreute sich sehr großer Beliebtheit beim Volk, führte ein asketisches Leben und war wegen seiner Mildtätigkeit und Güte bekannt. Eine interessante Begebenheit erzählt von der Verteidigung der Stadt Augsburg gegen einen Angriff der Ungarn. Der Bischof selbst leitete den Abwehrkampf und konnte die Ungarn schließlich dadurch zum Abzug bewegen, dass er die Hilfe der Frauen, Mädchen und Kinder der Stadt in Anspruch nahm. Geschichtliche Aufzeichnungen belegen, dass deren Jammern und Wehklagen der alleinige Grund für das Abrücken der ungarischen Truppen gewesen sein soll. Bereits 20 Jahre nach seinem Tod wurde Ulrich heiliggesprochen, und sein Vorname wurde im Mittelalter äußerst populär. Sein Symbol ist ein Fisch, da er einmal ein Fischwunder vollbracht haben soll. Der Erde von seinem Grab wurde nachgesagt, sie böte Schutz vor Ratten. Eine Quelle in Augsburg, die nach ihm benannt war, soll schon sehr früh Augenkrankheiten geheilt haben, was vermutlich der Grund für die Benennung anderer Brunnen und Quellen nach dem beliebten Heiligen ist.

Die Heilquelle vom Andritzer Ulrichsbrunn wurde 1917 aus dem Gotteshaus in eine künstlich errichtete Grotte umgeleitet, die der Gottesmutter geweiht ist. Seit damals trägt der Ort den Namen Maria-Quell, und es finden sich dort ein Mariahilf-Altar, eine Lourdes-Statue und eine Statue der hl. Bernadette. Neben vielen Dankesplaketten und -bildern brennen in der Grotte unzählige Kerzen, die von den zahlreichen

Seit 1974 betreuen bosnische Ordensschwestern, die „Dienerinnen Christi", das kleine Kirchlein Ulrichsbrunn. Die zahlreichen Votivgaben in der Grotte zeugen vom starken Volksglauben der Wallfahrer, die vor allem des hl. Ulrichs wegen hierher pilgern.

Besuchern angezündet werden. Am Sonntag um den 4. Juli wird hier das Ulrichsfest gefeiert. Die Menschen pilgern zur Quelle, waschen sich Gesicht und Augen und nehmen das heilkräftige Wasser in Behältern mit nach Hause.

Ulrichsbrunn kenne ich schon seit über 30 Jahren. Ich bin hier in der Gegend aufgewachsen, und mein Bruder und ich haben immer bei der Quelle gespielt, bis uns die Nonnen weggeschickt haben, wenn wir zu laut waren. Später habe ich dort geheiratet. Unser Hochzeitstag lag kurz nach dem Ulrichsfest, und da war noch alles mit Blumen geschmückt. Sehr schön, aber trotzdem schlicht.
Ich bin zwar nicht besonders empfänglich für die Energie von Orten, aber mein Mann, der spürt so was. Der sagt, Ulrichsbrunn ist ein ganz besonderer, ein starker Ort. Ich bin eigentlich ein sehr hektischer Mensch, bin immer auf Draht. Es hat weniger mit der Kirche selbst zu tun, die ist ja meist ohnehin geschlossen, aber der Platz dort ist einer, wo ich zur Ruhe komme.

(Gudrun, 41, Graz-Andritz

Hinter schweigenden Mauern: Klösterliche Steiermark

„Ora et Labora!" Wer in der Schule Lateinunterricht hatte, kann sich sicherlich an diese Sentenz erinnern, die sich auch heute noch als Leitspruch auf Kirchtürmen wie dem der Grazer Münzgrabenkirche finden lässt. Die fromme Mahnung richtet sich an alle Christen, im Besonderen jedoch an jene, die ihr Leben dem spirituellen Weg verschrieben haben.

Die katholische Kirche hat in der heutigen Zeit wesentlich weniger Humanressourcen zur Verfügung als in vergangenen Tagen, treffen doch immer weniger Männer und Frauen die Entscheidung, Mönch oder Nonne zu werden. Auch Priesterseminare beklagen den Mangel an Anwärtern. So müssen mehrere Pfarren von ein und derselben Person betreut werden, damit die Seelsorge in bestimmten Gebieten aufrechterhalten werden kann. Die Gründe für diese Entwicklung sind vielschichtig, die Tatsache, dass die klösterliche Welt vielen Menschen fremd und auch weit entfernt erscheint, ist jedoch leicht nachvollziehbar.

Das Blut aus dem Herzen Jesu Christi als Heil für die Lebenden und die Toten wird von einem Engel aufgefangen. Das Kreuz auf dem Friedhof von Pöllau sollte ursprünglich seinen Platz in einer Kirche finden.
Linke Seite: Klosterbauten sind in der Steiermark zahlreich zu finden. Benediktiner, Zisterzienser, Augustiner-Chorherren, Franziskaner oder Dominikaner – alle großen Orden prägten das geistige und kulturelle Leben der Grünen Mark. Die Benediktinerabtei Seckau ist längst eines der Wahrzeichen der Steiermark. Einst war sie Bischofssitz und auch der Sitz der Diözese.

Dass dem nicht immer so war, beweisen die eindrucksvollen Klosterbauten, die in der ganzen Steiermark zu finden sind und uns daran erinnern, welche bedeutende Rolle den spirituellen Zentren in der Vergangenheit zukam. Bereits der Anblick von außen vermag den Besucher durchaus mit einem Gefühl der Ehrfurcht erfüllen, sei es nun aus christlicher Pietät oder aus Bewunderung für die Bauweise und die oft fast ein Jahrtausend alte Geschichte der religiösen Stätten. Stift St. Lambrecht, Seckau, Vorau, Pöllau oder auch das Minoritenkloster in Graz sind nur einige Klöster, die sogar Eingang in Sagen und Legenden des Volkes gefunden haben und die heute der Besichtigung offen stehen. Lohnt sich der Besuch schon aus geschichtlichem oder religiösem Interesse, so bergen die schweigenden Mauern nicht selten auch Geheimnisse, die wir dort vielleicht nicht vermuten würden.

Stift Rein

Genau dies trifft auf das Zisterzienserstift Rein zu, das gerade einmal 15 Kilometer nördlich der Landeshauptstadt Graz liegt. Spuren, die 6000 Jahre und teils sogar noch weiter zurückreichen, haben bewiesen, dass bereits vor sehr langer Zeit dort Menschen siedelten. Das Kloster befindet sich also auf „altem Boden". Seit seiner Gründung im Jahr 1129 ist das Stift zu einem nicht mehr wegzudenkenden Bestandteil der Gegend geworden und zieht zahlreiche Gläubige nicht zuletzt durch seine reich ausgestaltete Kirche, die 1979 zur Basilika erhoben wurde, an. Ursprünglich romanischen Stiles, wurde das Gotteshaus später barock umgestaltet; das Innere der Kirche bietet eindrucksvolle Zeugnisse verschiedener Jahrhunderte. Bereits beim Eintritt durch den Stiftshof stechen die kunstvoll gestalteten Grabmonumente ins Auge, von denen das älteste aus dem 15. Jahrhundert stammt. Die imposanten Steindenkmäler zeigen, dass das Stift als Begräbnisstätte für bedeutende Persönlichkeiten der Steiermark diente; so finden sich unter den prominenten Toten Herzöge, Grafen, Äbte und

Hinter den Mauern von Stift Rein, dem ältesten bestehenden Zisterzienserkloster der Welt, verbergen sich geistliche und weltliche Kostbarkeiten. Erst kürzlich gaben die Klostermauern ein – vielleicht noch nicht letztes – Geheimnis preis: das Grab von Markgraf Leopold dem Starken, dem „Begründer der Steiermark".

Ritter. Aus Marmor gehauen, blicken die Gesichter auf die davor Stehenden herab und vermitteln den Eindruck von zeitloser Würde und nicht selten auch Strenge. Neben den dort Begrabenen sind auch mythische Gestalten auf den Monumenten abgebildet. So findet sich auf der Grabplatte des Abtes Placidus Mally aus dem 18. Jahrhundert die Darstellung der Fama, der personifizierten Trauer. Sitzend hält sie ein Bild des Verstorbenen auf dem Schoß und ein goldenes Horn in der linken Hand. Das Wappen des Toten bildet den Abschluss eines reichen Marmorbogens und zeugt von dem Status, den der Abt zu Lebzeiten innehatte. Allerdings erinnert der von einer Mitra bekrönte Totenkopf direkt darüber daran, dass alles Leben dazu verurteilt ist, ein Ende zu nehmen.

Neben den steinernen Zeitzeugen sind es vor allem die verschiedenen Altäre der Stiftskirche, die die Aufmerksamkeit der Besucher auf sich ziehen. Der Hochaltar ist der Heiligen Dreifaltigkeit gewidmet, das Andachtsbild zeigt die Anbetung Jesu in der Krippe durch die Hirten. Betende sollen damit an das Mysterium der Geburt Christi erinnert und dazu eingeladen werden, sich mit diesem Wunder auseinanderzusetzen.

„Der hl. Bernhard und das Wunder der Lactatio". Das Mirakel soll sich 1146 im Dom zu Speyer zugetragen haben und spielt in der zisterziensischen Tradition eine große Rolle.

Das Kind scheint die einzige „Lichtquelle" des Bildes zu sein, die Umstehenden beziehungsweise Knienden werden von seiner Helligkeit sanft erleuchtet. Dies könnte ein Hinweis darauf sein, dass der Weg zum Licht über das göttliche Kind führt, oder es ist eine Metapher auf das „Licht der Welt", als das Jesus bezeichnet wird.

Die Seitenaltäre sind verschiedenen Heiligen geweiht, unter ihnen Barbara, Benedikt, Sebastian, Josef und Narzissus. Etwas ungewöhnlich in diesem sakralen Rahmen mutet die Darstellung des hl. Bernhard an, die von der besonderen Gnade zeugt, die er erfahren haben soll. Der Heilige war Nacht für Nacht in tiefe Andacht versunken und betete mit besonderer Inbrunst zu Maria. Wie innig die Verbindung zur Mutter Gottes war, zeigt sich in seiner Anrede der Jungfrau, forderte er sie doch auf zu beweisen, dass sie – trotz ihrer göttlichen Jungfräulichkeit – auch Mutter sei. Im selben Moment erschien ihm Maria mit dem Kind auf dem Arm, entblößte ihre Brust und ließ drei Tropfen Milch auf die Lippen des Betenden fallen. Eben diese Szene ist auf dem Altargemälde abgebildet. Auf einer Wolke sitzend ist die Himmelskönigin gerade dabei, ihr ro-

tes Kleid zu öffnen, wobei eine Schar von Engeln und Mönchen dem Geschehen beiwohnt.
Die ungewöhnliche Geschichte des Heiligen mit ihrem intimen – wenn nicht gar erotischen – Inhalt verwundert – vor allem vor dem Hintergrund des sonst so körperfernen Katholizismus. Die Muttermilch einer göttlichen Wesenheit trinken zu dürfen, weist den Empfänger als etwas Besonderes und als gesegnet aus, ist diese Nahrung doch an sich göttlich und nur für Auserwählte bestimmt. Dies zeigt beispielsweise eine Sage aus der griechischen Mythologie: Herakles, einer der bekanntesten Helden des Altertums, wurde als Sohn des Zeus und einer Sterblichen geboren. Zeus wusste, dass die Abstammung von ihm selbst den Knaben allein nicht göttlich machen würde. Nur über die Anerkennung seiner betrogenen Gattin Hera konnte er Herakles den Weg zur Gottwerdung freimachen. Da nicht zu erwarten war, dass Hera den Bastard ihres Gemahls freundlich aufnehmen würde, bediente sich Zeus einer List. Wissend, dass die Göttin eine Beschützerin des Lebens war, legte er seinen Sohn nackt und schutzlos vor die Stadtmauern, wo Hera ihn finden würde. Hera sah den vor Hunger brüllenden Säugling, hatte Mitleid mit ihm und gab ihm von ihrer Muttermilch zu trinken. Das Kind saugte jedoch so fest, dass die Göttin es fortstieß, wobei einige Tropfen des kostbaren Saftes in die Luft spritzten. Aus ihnen soll eine ganze Sternengalaxie entstanden sein – die Milchstraße. Nach seinem irdischen Leben erfüllt sich das Schicksal des Helden und er wird zu einem Gott, der in weiten Teilen des antiken Griechenland Verehrung fand.

Die Erzählung vom hl. Bernhard könnte ebenso zu deuten sein, nämlich dass er von Gott – oder besser gesagt der Gottesmutter – auserwählt, wenn nicht sogar an Kindes statt angenommen wurde. Dass Maria sich vor dem Sterblichen enthüllt, könnte allerdings auch symbolisch zu deuten sein. Das nackte – also entblößte – Erscheinen von (göttlichen) Wesen in mythischen Erzählungen bedeutet meist, dass sich das Mysterium um das innere Wesen enthüllt. Nicht umsonst lassen auch Athene, Hera und Aphrodite in der trojanischen Sage die Hüllen fallen, als Paris urteilen soll, wem der drei er in seinem legendären Urteil den Vorzug gibt.
Neben der Kirche und den Klostergebäuden bietet das Stift Rein auch ein Lapidarium und ein archäologisches Archiv, das die 6000 Jahre Geschichte des Ortes sichtbar werden lässt. Auch die römische Zeit hat ihre Spuren hinterlassen. In eine Gartenmauer integriert, findet sich ein Weihestein, der Quellnymphen gewidmet ist. Diese mythischen Wesenheiten hatten stark erotischen Charakter – es gehörte zu ihren Vorlieben, Sterbliche zu verführen, die in ihre Gefilde vordrangen. Dementsprechend sind die Nymphen barbusig dargestellt, eine von ihnen zeigt gar ihr nacktes Hinterteil. Dass dieser Stein im klösterlichen Umfeld für alle sichtbar angebracht wurde, ist zweifellos außergewöhnlich. Immerhin sollte die Abgeschiedenheit des Klosterlebens sicherstellen, dass Mönche und Nonnen allen fleischlichen Verlockungen entsagten und möglichst wenig von ihrer religiösen Hingabe abgelenkt wurden.

Stift Admont

Admont liegt im Norden der Steiermark, im Ennstal, am Eingang zum Gesäuse. Das Leben des Marktes wird zweifellos von dem Benediktinerkloster dominiert, das nun seit fast 1000 Jahren dort beheimatet ist. Seit seiner Gründung im Jahr 1074 hat sich das Stift zu einem Ort der Superlative entwickelt; so beherbergt das älteste Kloster der Steiermark neben einem der größten Privatmuseen Österreichs des Landes auch die größte Klosterbibliothek der Welt.

Neben einem Museum für Gegenwartskunst und einem Naturhistorischen Museum ist Stift Admont Heimat einer Ausstellung über christliche Kunst. Im Halbdunkel der Museumsräume können juwelenbesetzte Monstranzen, Statuen von Heiligen, reich bestickte Messgewänder und Gemälde mit religiösen Motiven bestaunt werden. Die Sammlung besticht sowohl durch Qualität als auch durch Quantität. Bei der gewaltigen Menge an religiösen und historischen Schätzen fällt es einzelnen Exponaten jedoch schwer, sich von den anderen abzuheben. Ein Gemälde unterscheidet sich jedoch deutlich, hat das barocke Kunstwerk doch keinen direkten christlichen Hintergrund, sondern stellt die Szene einer Sage dar, die in der Gegend erzählt wird.

Auf der Burg Strechau, die unweit des Klosters zu besichtigen ist, soll einst eine schöne, junge Frau

Erzbischof Gebhard von Salzburg gründete im Jahr 1074 Stift Admont. Seit dieser Zeit leben hier Benediktinermönche, die über viele Jahrhunderte das Leben der Region prägten – im Bereich der Seelsorge, der Kultur, des Schulwesens, aber auch auf dem Gebiet der Wissenschaften.

gelebt haben. Als ihr Geliebter zu einem Kreuzzug aufbrach, gelobte sie, in ein Kloster einzutreten, falls dieser nicht in die Heimat zurückkehrte. Statt ihr Versprechen zu halten, entschloss sie sich jedoch, einen anderen Mann zu heiraten. Die Festsäle der Burg waren Schauplatz der Hochzeit, und eine Vielzahl von Gästen war geladen, dem freudigen Ereignis beizuwohnen. Als die Braut in ihrem prachtvollen Kleid zum Fest erschien, verwandelte sich ihr Antlitz jedoch vor den Augen der Anwesenden in einen abstoßenden Totenschädel. Statt ins Brautgemach führte der Weg der jungen Frau geradewegs in die Hölle.

Strechau war aber auch Schauplatz einer grausigen Begebenheit: „Das Burgfräulein von Strechau" erzählt von Verrat und Strafe. „Burgfräulein von Strechau", um 1700, Öl auf Leinwand, Kunsthistorisches Museum, Stift Admont

Das „Burgfräulein von Strechau" ist auf dem Gemälde der Admonter Sammlung abgebildet; unter einem Kopfschmuck sind die grotesken Züge des Skeletts zu sehen, in das die Treulose zur Strafe verwandelt wurde. Sage und Gemälde erzählen in lustvoll schauriger Manier von den Gesetzen, denen sich ein adeliges Fräulein zu unterwerfen hatte, denn hier wird nicht nur über den persönlichen Verrat gerichtet, sondern auch über den moralisch-gesellschaftlichen.

Vom Kunstmuseum aus führt der Weg über einen Gang zu jenem Trakt, der der Geschichte des Klosters gewidmet ist. Eine Multimedia-Installation informiert die Besucher über die wechselvolle Entwicklung des Stiftes im Lauf der Jahrhunderte. Obwohl eine Brandkatastrophe im 19. Jahrhundert den Gebäuden schweren Schaden zufügte, blieben integrale Teile wie die Bibliothek glücklicherweise weitgehend verschont und die darin verwahrten Schätze der Nachwelt erhalten. Eine zweite schwere Krise erlebte das Kloster in den Jahren 1939 bis 1945. Während der Nazi-Zeit wurde das Stift aufgelöst und die Mönche mussten das Kloster verlassen; bereits kurz nach Kriegsende wurde das Stift jedoch wieder eröffnet.

Das Museum bietet auch Einblick in das Dasein und die Rolle von Mönchen, vor allem im Mittelalter. Die frommen Männer verbrachten Jahre ihres Lebens in der hauseigenen Schreibstube und waren damit beschäftigt, kunstvolle Handschriften herzustellen. Vor den Zeiten des Buchdrucks war dies die einzige Möglichkeit, das geschriebene Wort zu vervielfältigen und somit zu verbreiten. Neben dem aufwändigen Kopieren und Bebildern heiliger Schriften wurden die Mönche jedoch auch zu den Geschichtsschreibern und manchmal sogar Verwaltern der Region. Ihren Aufzeichnungen haben wir es heute zu verdanken, dass das Wissen um historische Begebenheiten, aber auch um das Alltagsleben weitergegeben werden konnte. Die Chroniken beschäftigen sich jedoch nicht nur mit der bloßen Wiedergabe der Geschehnisse, sondern auch mit deren Deutung im religiösen Kontext. Dadurch entstand eine Geschichte in der Geschichte, da die Vergangenheit durch einen Filter christlicher Interpretation und Sichtweise betrachtet wird. Einige Handschriften sind als Exponate im Museum ausgestellt und zeugen von dem Aufwand und der Kunstfertigkeit, mit der die Bücher hergestellt wurden.

Die Burg von Strechau – Hort protestantischer Glaubensstärke. Die mächtige Feste war im 16. Jahrhundert ein Bollwerk gegen den katholischen Landesfürsten, ein wichtiger Stützpunkt der Evangelischen in der Steiermark.

Die Bibliothek von Admont besticht durch die beeindruckende Menge an Werken, die dort verwahrt werden. Rund 200.000 Bände umfasst die Sammlung heute, mehr als dreimal so viel wie noch im 18. Jahrhundert. Im Laufe der Zeit mussten immer wieder Räume angebaut werden, um Platz für Neuerwerbungen bzw. Leihgaben zu schaffen. Etwa 70.000 Exemplare sind im Hauptraum der Bibliothek zu besichtigen. Die ältesten Bücher von Admont stammen aus der Zeit der Gründung des Stiftes – einige sogar davor – und wurden dem Orden zur Aufbewahrung übergeben. Es sind aber keineswegs nur religiöse Schriften, die in der Klosterbibliothek aufbewahrt werden. Neben den bereits erwähnten mittelalterlichen Handschriften findet sich eine beträchtliche Sammlung wissenschaftlicher Werke, hatte sich das Stift nach dem 12. Jahrhundert doch neben der Geschichtsschreibung auch der Pflege von anderen Wissenschaften verschrieben.

Diese thematische Mischung spiegelt sich auch in der bemerkenswerten dekorativen Ausgestaltung des Bibliotheksraumes wider. Neben den bis zur Decke reichenden und mit unzähligen Büchern gefüllten Regalen bietet der Raum dem Auge der Betrachter kostbare Wandmalereien, Statuen und Reliefs, die alle stark allegorischen Charakter haben. Wer nicht mit christlicher Symbolik vertraut ist, kann in einer Führung oder in der Kunstbroschüre der Bibliothek herausfinden, wie viel Aussagekraft in den scheinbar unwichtigen Details der Kunstwerke zu entdecken ist. Erst das tiefere Verständnis der Allegorien und Symbole ermöglicht den Eintritt in die komplexe und zeitweilig bedrückende Welt christlicher Mystik.

68 Büsten schmücken die Konsolen, sie stellen personifizierte Erdteile, Künstler, Dichter, Philosophen und hellsichtige Frauen (Sibyllen) dar. Trotz des kirchlichen Hintergrunds entstammen diese vergoldeten Figuren eher der Welt der Wissenschaft und Kunst als theologischen Gefilden. Im Obergeschoß befinden sich Statuen von biblischen Persönlichkeiten wie Propheten und Evangelisten. Auch die Re-

Im Jahr 1776 wurde der barocke Bibliothekssaal vollendet, dessen Erbauer Josef Hueber (1694–1787) die Ideen der Aufklärung vertrat: „Wie den Verstand soll auch den Raum Licht erfüllen.“ Die Bibliothek von Admont ist ein gewaltiger Wissensspeicher, ein Ort der österreichischen Kulturgeschichte wie auch der europäischen Geistesgeschichte.

liefs dort zeigen biblische Szenen, wie etwa das Urteil des Königs Salomon. Jener sprichwörtlich gewordene Schiedsspruch soll im Kontext weiterer Darstellungen das Thema „Wahrheit" versinnbildlichen. Auch dies unterstreicht den aufklärerischen Charakter des Klosters als spirituelles und kulturelles Zentrum.

Der Mittelteil des Hauptsaales ist einem anderen Thema gewidmet, das sowohl Gegenstand der Theologie als auch der Philosophie ist. Die katholische Gedankenwelt war und ist über Jahrhunderte hinweg von der Idee von dem Leben nach dem Tod geprägt, nicht zuletzt, um Gläubige über die Verzweiflung des diesseitigen Daseins hinwegzutrösten. Die Art, wie jemand sein Leben gelebt hat, entscheidet darüber, ob die Seele nach dem Ableben in den Himmel aufgenommen oder aber in die Hölle verbannt wird. Tugendhaftigkeit bereitet den Weg in das Reich Gottes, während Sündhaftigkeit eine Ewigkeit in den Qualen der Höllenfeuer nach sich zieht.

In Admont stellt eine Figurengruppe des Barockbildhauers Josef Stammel jene vier personifizierten Tugenden dar, deren sich die Gläubigen befleißigen sollten. Allerdings sind es weder die drei göttlichen Tugenden Glaube, Liebe und Hoffnung noch die vier Kardinalstugenden Mäßigkeit, Klugheit, Tapferkeit und Gerechtigkeit. Die weiblichen Statuen versinnbildlichen vielmehr Klugheit, Weisheit, Wahrheit und Wissenschaft. Der gemeinsame Auftritt dieser vier Figuren dürfte als einmalig zu sehen sein, und es wird angenommen, dass der Künstler auf die vier „intellektuellen Tugenden" Bezug nehmen wollte, wie sie in den Lehren von Thomas von Aquin auftreten.

Der Benediktinerpater Gabriel Strobl errichtete in den Jahren 1866 bis 1910 das Naturhistorische Museum nach dem verheerenden Stiftsbrand von 1865 neu – ein wahrer Kosmos an Naturobjekten, Kuriositäten, aber auch Sammlungen von hohem wissenschaftlichen Wert wie die riesige Insektensammlung oder die reiche Kollektion an Reptilien und Amphibien.

Eine weitere Vierergruppe Stammels ziert den mittleren Saalteil, und diese Statuen sind wohl die bekanntesten des gesamten Stiftes. Die „Vier letzten Dinge" dürften ursprünglich allerdings nicht für die Bibliothek bestimmt gewesen sein, sondern für eine Kirche, in der eine solche Darstellung für gewöhnlich aufgestellt wurde. Tod, Gericht, Himmel und Hölle werden in aufwändigen bronzierten Statuen als Versinnbildlichung dessen, was jeder Mensch am Ende seines Lebens zu erwarten hat, dargestellt. Der Tod fliegt mit Engelsflügeln an den alt gewordenen Menschen heran, dessen Attribute ihn als Pilger ausweisen. Das Skelett hält einen Pfeil in der lin-

Die Benediktiner verfügen über eine große medizinische Tradition und versuchten auch, mit alchemistischen Methoden heilende Medizin zu gewinnen. Noch im 19. Jahrhundert gab es im Stift einen Alchemisten und Goldsucher: Der letzte Alchemist von Admont, Augustin Zapf, verstarb 1830. Holzstich Admont und Schloss Röthelstein nach Richard Püttner, 1880.

ken und eine Sanduhr in der rechten Hand – ein deutlicher Hinweis, dass die Lebenszeit des Menschen abgelaufen ist. Die Engel zu Füßen des Sterbenden tragen Zeichen der Vergänglichkeit bei sich, unter ihnen eine zerbrochene Kerze und eine hohle Muschel als Symbol für die leere Hülle, die der menschliche Körper nach dem Tod ist.

Der Tod als Gerippe, das mit scharfer Waffe auf das menschliche Leben zielt, erinnert an die bizarre Kunst des mittelalterlichen Totentanzes oder auch an die Volksmärchen über den „Gevatter Tod", die in der Steiermark und in ganz Österreich erzählt werden. In einem heiligen Raum bewacht der mitleidlose Schnitter die Lebenslichter der Menschen in Form von

Kerzen mit unterschiedlicher Länge. Verlischt eine der kleinen Flammen, so vergeht auch ein Leben, und nur der Gevatter selbst hat die Macht, eine neue Kerze zu entzünden.

Hoffnung stellt die Statue des Gerichtes dar, hier wird der Tod besiegt. Verjüngt erwacht der Verstorbene wieder zum Leben und lässt das Grab und das Leichentuch hinter sich. Ein kleines Teufelchen mit dicken Brillen wird fast von einem Buch erdrückt, das neben dem Jüngling auf dem Boden liegt. In dieser Schrift sind alle Taten des Menschen genau vermerkt, und sie wird dabei helfen, über sein weiteres Schicksal zu entscheiden. Die Verheißung der Auferstehung wird durch einen Regenbogen verdeutlicht, eine Anspielung auf eine alttestamentarische Geschichte. Nach der alles vernichtenden Sintflut zeugte ein Regenbogen davon, dass Gott den Menschen wieder wohl gesonnen war.

Nur ein großes Wissen über Allegorien und Symbole ermöglicht den Eintritt in die komplexe Welt christlicher Mystik in der Bibliothek von Admont. Auch die „Vier letzten Dinge", die überlebensgroßen Skulpturen des Stiftsbildhauers Josef Stammel (1695–1765) sind voller Anspielungen, Gleichnisse und mystischer Details.

Die dritte Skulptur zeigt die Aufnahme in den Himmel. Ein Engel hebt die weibliche Gestalt sacht nach oben, ein weiterer hält einen Ring mit einer sich selbst in den Schwanz beißenden Schlange in der Hand. Ohne Anfang und Ende steht dieses Symbol für die Ewigkeit in Glückseligkeit, die auf die Auferstandene wartet. Ein Leben in Frömmigkeit wird mit der Aufnahme in das Reich Gottes belohnt, zu Füßen der Statue sind die drei Tugenden von Fasten, Almosen und Frömmigkeit allegorisch abgebildet.

Direkt gegenüber steht die vierte und letzte Figur der Gruppe. Die Höllenfahrt einer Seele wird hier plastisch vorgestellt, und auch hier steht der Schlangenring für Ewigkeit, diesmal ist er in der Hand des Verdammten zu finden. Zwischen den Beinen des Mannes lugt der Kopf einer Teufelsgestalt hervor, der ihn in die Unterwelt hinabzieht.

Die schlaffen Brüste des Wesens weisen den Dämon als weiblich aus und geben Hinweis auf eine der Sünden, derer sich der Mensch zu Lebzeiten schuldig gemacht hat. Lust, Habsucht, Neid, Eitelkeit, Unmäßigkeit, Trägheit und Wut stellen die sieben Todsünden der christlichen Lehre dar, und sie alle sind auch in den Details des aufwändigen Standbildes vertreten, selbst wenn dies erst bei sehr genauem Hinsehen ersichtlich wird. Neben dem bereits erwähnten Dämon der Lust findet sich unter dem rechten Fuß des Verdammten eine mit Goldmünzen gefüllte Kappe als Zeichen der Habsucht – und die missmutig dahinter hervorlugende Fledermaus versinnbildlicht den Neid. Auf dem Podest stellt ein schlafendes Engelchen mit einem Nilpferd auf dem Kopf das Vergehen der Trägheit dar, eine Frauenbüste mit Pfauenkappe auf der linken Seite der Statue symbolisiert die Eitelkeit. Die Maßlosigkeit findet sich in einer weiteren Büste nahe der Hüfte der männlichen Gestalt, hier deuten eine Flasche und eine Wurst auf diese Todsünde hin. Der siebente und letzte Grund für die Höllenfahrt findet sich im Gesicht des Verdammten selbst. Die Züge des Mannes sind von Raserei verzerrt, und ein Dolch in seiner Linken zeugt von seiner Gewaltbereitschaft. Ein rätselhaftes Detail ist die Darstellung eines Wurmes, der dabei ist, sich in die Seite des Körpers zu bohren. Eine mögliche Deutung lautet, dass es sich hierbei um die Gewissensbisse handelt, eine andere Interpretation meint, dass dies eine Vorbereitung auf die unglaublichen Qualen der Hölle sein soll.

Selbst in unserer Zeit, in der das Schwergewicht des menschlichen Denkens sich stark zugunsten des Diesseits verschoben hat, können die Statuen doch eine ungefähre Vorstellung davon vermitteln, mit welchen Hoffnungen und Drohungen die katholische Kirche ihre Anhänger in der Vergangenheit auf dem rechten Weg zu halten versuchte. Das unglaubliche Wissen, das sich an einem Ort wie Admont auf Tausenden von Buchseiten gesammelt hat, konnte gleichermaßen zu Verdammnis oder Erlösung führen. Das Konzept der Todsünde auf der einen und die aufklärerische Wissenschaft auf der anderen Seite waren in der christlichen Weltordnung immer wieder von großer Wichtigkeit, vor allem in der Diskussion um ihre Positionierung. Nicht selten sind jedoch aus dem Widerstreit von Kirche und Wissenschaft Leiden und Verfolgung entstanden. Ob die Sehnsucht nach Erkenntnis und die Verdammung derselben dicht beieinander liegen, sei dahingestellt, doch zumindest in der Stiftsbibliothek Admont scheinen die allegorischen Figurengruppen diesen Gedanken zu vertreten.

Ich war noch ziemlich jung, als ich das erste Mal in Admont zu Besuch war. Ich bin teilweise von meiner Oma erzogen worden, und der war es sehr wichtig, mich zum Katholiken zu erziehen. Sie hat mir auch erklärt, dass ein Mensch nach dem Tod in den Himmel oder in die Hölle kommt.

Die Bibliothek in Admont hat mich total fasziniert, auch wenn ich erst sechs oder sieben gewesen sein dürfte. Diese Faszination ist bis heute geblieben. Dieses gesammelte, geballte Wissen dort, das ist ganz einfach wun-

Der kleine Teufel – ein Teil der Statue, die das Jüngste Gericht symbolisiert, wird beinahe von der riesigen Schrift erdrückt, in der die Taten der Menschen aufgezeichnet sind. Kann das Gute über das Böse siegen?

dervoll. Geschichte, Wissenschaft und dann der Kräutergarten, den ich so gern habe. Ich stelle mir die Mönche und Nonnen gern als weise Ärzte und Berater vor. Heute kann ich die Statuen in der Bibliothek auch ein wenig distanzierter sehen, als Kind haben sie mich aber in Angst und Schrecken versetzt. Schon damals habe ich nicht verstehen können, warum sie an so einem schönen Ort solch grausliche Figuren aufgestellt haben. Tod und Hölle und diese ewige Drohung.

Ich bin heute noch gläubig, auch wenn ich nicht jeden Sonntag in die Kirche gehe, und ich habe auch meine Kinder christlich erzogen. Aber ich habe ihnen nie mit Hölle und Verdammnis gedroht, das soll nicht Teil unseres Glaubens sein. Ich bin auch froh, dass die Kirche sich davon abgewendet hat. Ich sehe das Göttliche lieber in der Weisheit und dem Wissen, das so lange Zeit gesammelt wurde, und nicht in diesen bizarren Phantasien von Leiden und Tod.

(Sabine, 50, Murau)

Magna Mater Austriae: Auf den Spuren einer Himmelskönigin

Nicht nur in den traditionellen Rosenkranzmonaten Mai und Oktober stößt man in Mariazell auf Rosenkränze. Der Legende nach soll der hl. Dominikus den Rosenkranz 1208 bei einer Marienerscheinung empfangen haben. Auch gilt der heilige Dominikus als Gründer der Rosenkranzbruderschaft.
Linke Seite: Die verschiedenen Baustile der Basilika Mariazell erzählen von der jahrhundertealten Geschichte des großen Wallfahrtsortes, der Heimat der Magna Mater Austriae.

Mariazell liegt gut abgeschirmt zwischen hohen Bergen in der Obersteiermark. Selbst gemütlich in einem Auto sitzend, mag der Weg aus der Stadt dorthin als Reise in eine andere Welt erscheinen – und das nicht nur in einem geografischen Sinn. Der Ort präsentiert sich dann als nicht untypisches Dorf des steirischen Berglandes: kleine Geschäfte, die sich standhaft der Gegenwart erwehren wollen, Straßencafés, die typisch österreichische Spezereien an geneigte Gäste bringen und hier und dort doch die Erinnerung daran, dass die Globalisierung mit ihren Geschäftsketten auch von der eindrucksvollen Masse der Berge nicht abgehalten werden kann. Selbst einem noch so flüchtigen Blick bleibt nicht verborgen, dass die kleine Ortschaft sich gemeinschaftlich einem Thema verschrieben hat, finden sich doch an allen Ecken und Enden Statuen und Abbildungen mit religiösen Motiven. Ob nun Kruzifixe, Darstellungen von Heiligen und Märtyrern oder von anderen christlichen Motiven wie dem Lamm Gottes oder dem von Dornen bekrönten Herz, sie alle scheinen aber nur Beiwerk für jene religiöse Figur zu sein, der der Ort neben seinem Namen auch seine Popularität zu verdanken hat.

Die Basilika von Mariazell ist Heimat der Magna Mater Austriae, der Jungfrau von Mariazell. Die Verehrung der Gottesmutter ist ein integraler Bestandteil christlicher Frömmigkeit, und es gibt unzählige Orte, die der Heiligen Jungfrau gewidmet sind. Die Geschichte der Wallfahrtskirche Mariazell ist in mehrerlei Hinsicht herausragend. Mit Wallfahrten während des gesamten Jahres und christlichen Veranstaltungen wird der kleine Ort zu einem der bedeutendsten – wenn nicht sogar zum bedeutendsten – spirituellen Zentren Österreichs. Zehntausende von Jugendlichen aus aller Welt pilgern einmal jährlich in das Dorf in den Bergen des Oberlandes und strafen die Berichte über Desinteresse und mangelnde Spiritualität der neuen Generationen Lügen.

Wie bei vielen Wallfahrtskirchen ist es auch hier ein göttliches Wunder, das zur Erbauung des Gotteshauses geführt haben soll. Im Jahr 1157 wurde ein Mönch namens Magnus aus dem Benediktinerstift St. Lambrecht ins Mariazellerland entsandt, um die Seelsorge der dort lebenden Menschen zu übernehmen. Er führte eine aus Lindenholz geschnitzte Marienstatue mit sich. Ein Felsblock versperrte ihm den Weg, und es sah aus, als ob der fromme Mann seiner Aufgabe deshalb nicht nachkommen können würde. Da begann er inbrünstig zur Mutter Gottes zu beten, worauf der Fels wie durch Zauberhand gespalten wurde und den Weg freigab. An seinem Ziel angekommen, stellte der fromme Mann die Statue auf einen Baumstumpf und begann rundherum seine Zelle zu errichten – daher der Name Mariazell. Die Statue wurde zum späteren Gnadenbild, und bereits kurze Zeit danach begannen die Gläubigen, zur „Großen Mutter Österreichs" zu pilgern. Schon im 13. Jahrhundert wird „Cell" das erste Mal urkundlich erwähnt, und auch die erste romanische Kapelle soll bereits zu dieser Zeit bestanden haben. Es ist also belegbar, dass Mariazell bereits seit fast 900 Jahren Ziel christlicher Pilgerschaft ist.

Das große Ziel der Pilger: das gotische Portal der Basilika Mariazell. Eine Bauinschrift darauf erinnert an das Jahr 1200, wohl eine Erinnerung an Markgraf Heinrich von Mähren, der hier von seiner Gichterkrankung geheilt wurde. Als Dank ließ dieser prominente Pilger um 1200 rund um die Zelle eine romanische Kirche errichten.

Die verschiedenen in der Kirche vereinten Baustile erzählen die Geschichte des imposanten Bauwerkes. Sowohl im Inneren als auch an der Außenseite harmonieren gotische und barocke Elemente in beeindruckender Weise. Der gotische Mittelturm ist beachtliche 90 Meter hoch und scheint geradezu in den Himmel zu wachsen. Eine Kreuzigungsszene über dem Hauptportal weist den Weg in das ebenfalls gotische Langhaus, das von zwei barocken Türmen flankiert wird. Der um 1700 von Fischer von Erlach gestaltete Hochaltar ist der Heiligen Dreifaltigkeit gewidmet. Im Barockbereich der Kirche befindet sich auf einer fünf Meter hohen Marmorsäule die opulente Darstellung der Himmelskönigin mit ihrem Kind. Auch diese wird als Gnadenbild verehrt. Das Herzstück der Basilika stellt jedoch die Gnadenkapelle dar, in der die Statue der Magna Mater Austriae aufbewahrt wird. Die spätromanische Madonna aus Lindenholz bildet an sich einen krassen Gegensatz zu den reich mit Gold ausgestatteten Altarräumen. Die Liebfrauenkleider, mit denen die Statue fast täglich (außer am 8. September und am 21. Dezember) bekleidet ist, lassen die eigentliche Figur jedoch fast gänzlich unter Seiden- und Brokatstoffen verschwinden. Paradox mag in diesem Zusammenhang vielleicht erscheinen, dass an den Andenkenständen eher das liebliche Bild der Gottesmutter von Lourdes gewillte Käuferinnen und Käufer findet als das schlichte, mittelalterliche Gnadenbild.

Sehen, berühren und beten. Die Mariazeller Madonna wird in vielen Erscheinungsformen verehrt. Volkstümliche Bildstöcke zeugen von der großen Beliebtheit der Heiligen Jungfrau.

Die beiden Schatzkammern der Basilika beheimaten sowohl weltliche wie auch spirituelle Kostbarkeiten. In der Nordschatzkammer werden Geschenke und Votivgaben an die Jungfrau aufbewahrt. Die Vielfalt der Gaben verdeutlicht die Wünsche, Sorgen und Hoffnungen der Pilger. In den Vitrinen befinden sich neben Edelsteinen und Perlen auch gefasste Nierensteine, verschluckte Gegenstände und Abbildungen verschiedenster Körperteile. In den Laden der exquisiten Schränke wird die Garderobe der Gottesmutter aufbewahrt, die von adeligen Damen gespendet wurde. Beim Eingang zur Schatzkammer ist ein weiteres Gnadenbild aus dem 14. Jahrhundert zu sehen. Das auf Holz gemalte Kunstwerk zeigt Maria mit dem Kind. Verschiedene Teile des Bildes wie der Rahmen, der Schmuck und der Heiligenschein, alle aus edelsten Materialien wie Gold oder Perlen, wurden ebenfalls aus Dankbarkeit gespendet. Mariazell birgt aber auch eine Geschichte, die sich meist nicht in den offiziellen Aufzeichnungen der Basilika finden lässt. Ein genauerer Blick auf die Magna Mater Austriae enthüllt, dass die Wurzeln des Wallfahrtsortes viel weiter zurückreichen als ins 12. Jahrhundert. Legenden zufolge soll es lange vor dem Bau der Kirche an dieser Stelle schon eine kleine Kapelle gegeben haben, die sich bei der Bevölkerung großer Beliebtheit erfreute.

Um die Verehrung der Gottesmutter Maria umfassend verstehen zu können, ist es jedoch sinnvoll, noch weiter in die Zeit zu-

Die Madonna als Inkarnation der Reinheit – eine Tradition, die in den verschiedensten Kulturen weit verbreitet ist. Göttliche Jungfrauen finden sich auch in vorchristlichen Mythen.

rückzureisen. Denn hinter „Magna Mater Austriae", der Großen Mutter Österreichs, verbirgt sich ein Titel, der nicht erst für die göttliche Jungfrau verwendet wurde: Es gab auch vorchristliche Göttinnen, die diesen Namen trugen. Eine davon, die zu römischer Zeit unter anderem auf dem Frauenberg bei Leibnitz verehrt wurde, ist Isis Noreia, die Große Göttin, die der gesamten römischen Provinz Noricum den Namen gab. Zwar ist diese gemeinsame Namensgebung bemerkenswert, es könnte sich aber um nicht mehr als eine oberflächliche Gemeinsamkeit einer heidnischen Göttin mit der christlichen Muttergottes handeln. Betrachtet man jedoch genauer, welche Aspekte Maria in sich trägt, so erschließt sich eine Welt, die weit jenseits christlicher Vorstellungen liegt.

Marias Vorkommen in den Schriften der Bibel ist eher lapidar, sieht man von ihrem Auftreten bei der Geburt Jesu und bei dessen Tod ab. Damit bieten die kirchlich anerkannten Evangelien nur wenige Anhaltspunkte, die Marias starke Verehrung im Volksglauben rechtfertigen würden. Es gibt jedoch Tatsachen, an denen die Heilige Schrift keine Zweifel lässt. Maria soll den Sohn Gottes als Jungfrau empfangen und ihre Jungfräulichkeit weder durch Schwangerschaft noch Geburt verloren haben. Als „neue Eva" ist sie damit vom Fluch befreit, der seit dem Verlust des Paradieses auf den Frauen lastet. So gebiert Maria ohne Schmerzen, und ihre Reinheit geht so weit, dass sie auch vom weiblichen Zyklus und damit vom als unrein angesehenen Monatsblut befreit ist. Somit erscheint Maria gleichsam als eine „unmögliche Frau", ebenso wie es sich bei der Geburt des Gottessohnes um eine unmögliche Geburt handelt.

Gerade das Motiv jener unmöglichen Geburt stellt Maria jedoch wiederum in die Tradition einer Reihe von heidnischen Göttinnen. Hier finden wir ein Thema, das in den Mythologien verschiedenster Völker weit verbreitet ist. Sowohl Göttinnen als auch sterbliche Frauen schenken ohne Mithilfe eines fleischlichen Partners gleichsam aus sich heraus Leben – ob nun durch das Verschlucken einer Mandel oder eines Granatapfelkernes wie in der griechischen Sagenwelt, den „Tanz mit den Wogen" in der keltischen Legende oder aber durch die jungfräuliche Geburt eines besonderen Knaben wie in germanischen Götterdichtungen. Es ist immer ein Wunder, das durch jene unmögliche Begebenheit verdeutlicht werden soll: die Geburt eines göttlichen Kindes. In keiner dieser Mythen beinhaltet die jungfräuliche Empfängnis eine moralische Wertung, wurde doch Sexualität als überaus positiv, weil Leben spendend und damit als heilig erlebt. Die in vorchristlichen Mythologien auftretenden göttlichen Jungfrauen zeichnen sich nicht durch Keuschheit, sondern durch uneingeschränkte Unabhängigkeit aus. Sie allein entscheiden, wem die Ehre zuteil wird, sie zu berühren. Robert von Ranke-Graves weist in seiner Deutung griechischer Mythologien an verschiedenen Stellen sogar darauf hin, dass es Göttinnen möglich war, ihren jungfräulichen Status zu erneuern, indem sie sich zum Beispiel in besonderen Gewässern wuschen. Dieses Verständnis von Jungfräulichkeit im Sinne von Ungebundenheit im Gegensatz zu der in ein familiäres System eingebundenen Frau und Mutter erlaubt einen völlig anderen Blick auf Maria als jungfräulich Gebärende. Im „Lexikon der Symbole" kann man zu diesem Thema lesen: „Jungfrau bedeutet in diesem Zusammenhang die Vollkommenheit eines in sich ruhenden weiblichen Wesens, das sich nicht dem männlichen Prinzip unterwerfen musste, weil es dasselbe in sich trug."

Selbst in unserem Sprachgebrauch bedeutete das Wort Jungfrau bis ins Frühmittelalter schlicht und einfach eine junge (unverheiratete) Frau.

Es ist demnach auch nicht weiter verwunderlich, dass es sich bei den unterschiedlichen Darstellungsformen Marias ursprünglich um Aspekte handelt, die eigentlich verschiedenen Göttinnen eigen waren.

Die Gnadenstatue in Mariazell ist eine einfache, liebevolle Darstellung einer Mutter mit ihrem Kind. Der Knabe sitzt auf dem Schoß der Mutter, die den Arm schützend um ihn gelegt hat. Mit diesem Art Bild verehren Menschen seit vielen tausend Jahren die göttliche Mutter.

Himmelskönigin, Stella Maris, Schutzmantelmadonna, Maria im Ährenkleid, Pietà, Mater Dolorosa – all das sind gängige Darstellungen Marias, wie sie in fast jeder Kirche in der Steiermark und in ganz Österreich zu finden sind. Doch auch Inanna, Astarte, Hera, Aphrodite, Artemis und viele andere wurden bereits Jahrtausende vor der christlichen Mutter Gottes unter diesen Namen verehrt. Wie bei den oben angeführten Beispielen sind auch hier die Analogien teilweise verblüffend.

Die Amtskirche verurteilte die ausufernde Verehrung der göttlichen Jungfrau über Jahrhunderte hinweg als Ketzerei und bestrafte diese Abkehr von der kirchlichen Lehre zum Teil sogar mit dem Tode. Wie stark der Glaube an die Mutter Gottes als allumfassende Figur war, belegt beispielsweise die aus Frankreich stammende Vièrge Ouverte, eine aufklappbare Statue der Jungfrau, die in ihrem Inneren sowohl Gott, Jesus, Engel als auch Heilige enthält. Diese Darstellung wurde als ketzerisch verurteilt und verboten.

Die Frauenberger Schutzmantelmadonna (um 1420), das Original befindet sich im Joanneum, Graz

Wenn es sich bei Maria aber um eine Nachfahrin heidnischer Göttinnen handelt und ihre Verehrung so eng mit der Verehrung dieser Göttinnen verknüpft ist, dass der „Marienspiritismus" als Ketzerei abgelehnt wird, was sagt dieser Umstand dann über einen Ort wie Mariazell aus? Was bedeutet es für die Amtskirche, wenn der berühmteste Wallfahrtsort in ganz Österreich einer ist, der Maria geweiht ist, ebenso wie andere wichtige Pilgerplätze in Europa wie Lourdes, Medjugorje und andere? Bedeutet dies, dass es sich hier eigentlich um verborgene Göttinnenverehrung handelt, die unter dem Schutzmantel der katholischen Kirche einen sicheren und nicht mehr wegzudenkenden Platz gefunden hat? Das ist eine Frage, die weder in diesem Buch noch sonst wo eindeutig beantwortet werden kann, und es ist nicht weiter verwunderlich, dass dieses Thema auch in theologischen Fachkreisen immer wieder für Dispute sorgt. Der Mantel christlicher Frömmigkeit vermag nicht zu verbergen, wo die Wurzeln von Orten oder dem Gegenstand der Verehrung eigentlich liegen. So wurden auch im Mariazellerland Spuren eines Pilgerweges entdeckt, die in die Zeit vor Christi Geburt zurückreichen. Derzeit wird von lokalen Kulturtreibenden daran gearbeitet, diesen Pfad wieder begehbar zu machen. Vielleicht gibt es bereits in naher Zukunft einen weiteren Mariazellerweg, der den bereits vorhandenen und viel genutzten sechs Pilgerpfaden eine ergänzende spirituelle Dimension hinzufügen könnte.

Höchste Herrscherin der Welt!
Jungfrau, rein im schönsten Sinn,
Mutter, Ehren würdig,
uns erwählte Königin, Göttern ebenbürtig!

Iimmelskönigin, Stella Maris, Schutzmantelnadonna, Maria im Ährenkleid, Maria Imnaculata, Pietà, Mater Dolorosa – die Marienverehrung findet unterchiedlichste Darstellungsformen.
Oben: Maria Immacuata in der Pfarrkirche St. Maria Magdalena zu Wildon, 2. Hälfte les 17. Jhs.
Jnten links: Das Gnalenbild Maria im Ährenkleid in der Wallfahrtskirche Judendorf-Straßengel (15. Jh.) wurde gestohlen und 1978 durch eine Kopie les Künstlers Gottfried Höfler ersetzt.
Jnten rechts: Maria im Strahlenkranz in der Maria-Lourdes-Grotte n der Basilika Mariarost, errichtet 1890

Blick in die Vergangenheit: Loretokapelle und Burg Kapfenberg

Ich steige auf zur Kapelle und lasse die letzten Reste des Morgendunstes hinter, unter mir. Stille umfängt mich auf dem Hügel, nur ein paar Vögel, wahrscheinlich Amseln, singen ihr klares Morgenlied. Eine blasse Sonne kündet vom Versprechen eines milden, wenn auch milchigen Tages. Leise öffne ich die Tür zur Kapelle und trete ein. Wie immer wandert mein Blick sofort zur Schwarzen Madonna und bleibt an ihr haften. Freude erfüllt mich, wenn ich sie sehe – und Ehrfurcht. Das mag seltsam klingen in unserer Zeit, aber ihr Bild macht mich seltsam ruhig und froh. Dieser Ort ist sehr golden und sehr geschmückt, aber sein Zentrum ist ganz sicher sie, die dunkle Jungfrau mit ihrem Kind. Vielleicht ist es gerade dieser Kontrast, der mir so gefällt, das Dunkel und das Licht. Einzig und allein dass sie hinter goldenen Gittern steht, gefällt mir nicht. Wahrscheinlich sind sie da, um sie zu schützen, aber ich mag sie nicht. Warum sperren die Menschen immer ein, was sie lieben? In meiner Andacht aber scheinen sie zu schwinden, die Gitterstäbe, bis die Himmelskönigin lächelnd vor meinen Augen schwebt, ohne Gitter, ohne Schutz, ohne sichtbare Grenze.

(Mario, 52 Jahre, Obersteiermark)

Linke Seite: Viele antike Völker verehrten schwarze Göttinnen, wobei heute oft ein mystischer Zusammenhang hergestellt wird. Die Schwarze Madonna des Christentums soll auf eine Stelle im „Hohenlied" zurückgehen, wo es heißt: „Ich bin schwarz, aber schön".

In der Mur-Mürz-Furche, wenige Kilometer nordöstlich von Bruck liegt Kapfenberg. Der Ort versteht sich selbst als moderne Industriestadt, die auf den Gebieten Technik und Innovation eine führende Rolle in der Obersteiermark einnimmt, wobei vor allem die Stahlindustrie einen wichtigen Part spielt. Wenn auch Industriepark und Konsumzentren die Stadt prägen, so finden sich doch an die Hänge des Burgbergs geschmiegt historische Altstadtgassen und Straßen, die an die weit zurückreichende Vergangenheit Kapfenbergs erinnern. Durch Fundstücke in der nahe gelegenen Rettenwandhöhle lässt sich eine ständige Besiedlung seit dem Neolithikum nachweisen. Kelten und Römer hinterließen ihre Spuren ebenso wie später Slawen und Bajuwaren. Im 12. Jahrhundert erbauten Angehörige des Adelsgeschlechtes der Stubenberger die Burg Chaffenberch, die 1173 erstmals urkundlich Erwähnung findet. Diese Burg wurde auf dem bereits erwähnten Burgberg errichtet, lag jedoch höher als das heute bestehende Bauwerk. Überreste der alten Mauern finden sich noch immer rund um die Loretokapelle, die sich heute an der höchsten Stelle des Burgberges erhebt.

Einer Legende nach wurde im 13. Jahrhundert das Geburtshaus Marias von Engeln aus Nazareth nach Loreto in der Nähe von Ancona (Italien) getragen. Die dortige Kapelle mit ihrer Ziegelbauweise und der Schwarzen Madonna erfreute sich großer Beliebtheit und Verehrung und dient seitdem als Vorbild für die Errichtung weiterer Loreto- bzw. Lorettokapellen.

Die Loretokapelle zu Kapfenberg wurde im Jahr 1676 errichtet. Manche erzählen, dass genau an derselben Stelle auch die alte Burgkapelle stand, deren Grundstein älter als jener der Burg gewesen sein soll. Der Aufstieg führt durch Haselhaine, die den Hügel an drei Seiten dicht umgeben. Von oben öffnet sich ein weiter Blick über das Umland von Kapfenberg.

Das Innere der fensterlosen Kapelle wurde im späten 18. Jahrhundert im Stil des Rokoko ausgeführt. Die Wände sind rötlich bemalt, um die Ziegelbauweise des Geburtshauses Marias zu imitieren, die Decke ist in Weiß gehalten, wodurch sie optisch höher wirkt. Der Hochaltar, in dessen Zentrum die Statue der Schwarzen Madonna thront, ist prunkvoll ausgestaltet. Eine dunkelhäutige, gekrönte Maria mit lockigem schwarzem Haar trägt ihr ebenfalls dunkelhäutiges, allerdings ungekröntes Kind, das eine schwarze (Welten-) Kugel hält. Die Körperhaltung von Mutter und Sohn vermittelt den Eindruck von Erhabenheit, und das Standbild mit seinem Ausdruck liebevoller Güte und Souveränität zugleich erfreut sich großer Verehrung. Leider ist es jedoch nicht möglich, einen ungetrübten Blick auf die Statue zu werfen, da sie hinter vergoldeten Gitterstäben steht. Die Beliebtheit der Maria Loreto und ihrer Kapelle zeigt sich auch an der Zahl der Taufen und Hochzeiten, die hier noch immer gefeiert werden.

Die unterhalb der Kapelle liegende Burg Oberkapfenberg wurde im 13. Jahrhundert an ihrer heutigen Stelle erbaut. Sie diente als Wohn- und Verwaltungssitz der Grafen von Stubenberg, deren Wappen – ein Anker mit einem Zopf – noch heute über einem Tor im Burghof zu sehen ist. Um

Auf der Burg Oberkapfenberg gilt es, vergangene Jahrhunderte zu entdecken. Turniere, Burgfeste, Ritter und edle Damen verkörpern das Gefühl der Sehnsucht nach der dunklen Zeit.

dieses ungewöhnliche Wappen rankt sich eine Sage, die Folgendes erzählt:
Die schöne Agnes von Pernegg war dem Burgherrn von Oberkapfenberg, dem Ritter Wulfing, versprochen. Bevor es jedoch zur Vermählung kam, musste der Bräutigam in den Krieg ziehen. Als Andenken und wohl auch als Zeichen ihrer Zuneigung gab Agnes ihrem Verlobten einen Zopf mit, den sie aus ihrem eigenen Haar geflochten hatte. In den acht Jahren, die Wulfing auf dem Kreuzzug verbrachte, bewahrte der Zopf ihn vor Verletzung und Tod. Bei seiner Heimkehr erwartete den Ritter jedoch eine unangenehme Überraschung, waren doch alle mit den Vorbereitungen für eine Hochzeit beschäftigt. Trotz heftiger Weigerung war nämlich Agnes von ihren Verwandten dazu gezwungen worden, mit einem anderen Freier vor den Traualtar zu treten. Im allerletzten Moment gelang es Wulfing, die Hochzeit zu verhindern, und er forderte den Rivalen zum Zweikampf, wobei der Nebenbuhler tödlich verwundet wurde. Die Verlobten waren nun endlich wieder glücklich vereint und konnten Hochzeit halten.
Zur Erinnerung an diese Begebenheit nahmen die Stubenberger den Zopf der schönen Burgherrin in ihr Wappen auf, das uns bis heute erhalten geblieben ist.
Etwa 200 Jahre nach der Erbauung der Burg wurden umfassende Um- und Ausbauten im Stil der Renaissance vorgenommen, und Oberkapfenberg gehörte für 200 Jahre zu den herausragenden Festungen der Grünen Mark. Nach dieser Blütezeit begann die Burg langsam zu verfallen, und so war bis zur Mitte des 19. Jahrhunderts nur mehr eine Ruine von der vormals stolzen Renaissancefestung übrig geblieben. Um 1955 entschlossen sich die Nachfahren der Stubenberger, die Burg ihrer Ahnen nach den alten Plänen wieder aufzubauen, um einen Hotelbetrieb zu führen. In den 1990er-Jahren erwarb dann die Stadt Kapfenberg die Festung und bemüht sich seitdem um deren Pflege und Erhalt. Heute steht die Burg Interessierten offen und lockt Besucher mit verschiedenen Attraktionen. Neben einer Waffenausstellung und einer Greifvogel-Schau beherbergen die Untergeschoße der Festung auch ein kleines Foltermuseum, in dem die fiktive Gestalt eines Folterknechtes Einblick in die psychologische Seite mittelalterlicher Schreckensgerichte gibt.
Vor allem für Schulklassen und Kindergruppen bietet Oberkapfenberg museumspädagogische Führungen, die durch sinnliches Erleben die Wissenserweiterung fördern sollen. Sie widmen sich speziellen Themen, wie beispielsweise dem Leben im Mittelalter oder der Gerichtsbarkeit jener Zeit, die auf altersgerechte Weise begreifbar gemacht werden. Andere Erlebnisprogramme wenden sich an Kinder und Erwachsene und bieten unter anderem die Möglichkeit, nachzuempfinden, wie sich ein Ritter unter dem Gewicht von Kettenhemd und Rüstung gefühlt haben muss.

Ja, ja, die alte Frage! Was soll ich euch erzählen? Ja, ich verbringe so gut wie jedes Wochenende im Sommer bei einem Mittelalterfest. Im Winter trainiere ich mit einer Gruppe, die sich auf Schaukämpfe spezialisiert hat. Meine Aus-

rüstung hat mich an die 3000 Euro gekostet, und ich kann nicht versprechen, dass es dabei bleiben wird. Ich besitze vier Schwerter, einen Langbogen und eine authentische Plattenrüstung. Und ein Bankettgewand für „besondere Anlässe".

Bevor jetzt die Phantasien mit euch durchgehen ... Nein, ich arbeite nicht als Comicverkäufer oder Esoterikguru, ich bin beim Außenministerium beschäftigt und bin unter der Woche in Anzug und Krawatte anzutreffen. Die Leute, die ich von den Mittelalterveranstaltungen kenne, sind da ähnlich, es gibt eine riesige Bandbreite. Wir haben Studenten, Beamte, Sozialarbeiterinnen, Lehrer und Lehrerinnen und ein paar Historiker. Eine bunte Mischung also. Sie alle haben nur eines gemeinsam, den Spaß daran, sich so anzuziehen wie die Leute vor vielen hunderten von Jahren. Und natürlich vom Publikum bestaunt zu werden.

Mein Lieblingsfest ist wohl das auf der Burg Oberkapfenberg, die Stimmung dort ist so besonders. Wenn der Hof mit Stroh aufgeschüttet wird, die Fahnen flattern und die Feuer angezündet werden, dann ... Ich weiß auch nicht! Die stärkste Erfahrung finde ich immer, wenn die Leute schon auf dem Nachhauseweg und fast nur mehr Leute in Gewandung übrig sind. Das ist schon faszinierend wie eine Zeitreise!

Ich weiß, dass es da ganz viel furchtbar psychologische Theorie gibt, was eben diese Faszination ausmacht: Rückkehr in die dunkle Zeit, Sehnsucht, der Moderne zu entkommen, und so weiter. Ich halte das alles für ziemlichen Schwachsinn, ich lebe gern im Heute, möchte niemals tauschen! Und es ist mir sehr bewusst, dass das Leben im Mittelalter kein Zuckerschlecken war! Die Leute sind mit 30 gestorben, und nur ein Drittel der Kinder hat es ins Erwachsenenalter geschafft!

Zeuge barbarischer Grausamkeit – ein Werkzeug des Folterknechts im Museum der Burg Oberkapfenberg.

Wenn ich in Gewandung unterwegs bin, dann ist es ein besonderes Gefühl. Ich muss immer an Jung und seine Theorie des gemeinsamen Unbewussten denken, und ich glaube, dass es wie eine gemeinsame Erinnerung ist, die wir da leben. Vielleicht können auch Orte solche Erinnerung speichern, was Feste wie in Oberkapfenberg so besonders macht. Alles spielt dann mit, die Burg, die Kleidung und die Menschen. Ja, es ist eine Illusion, ein Schauspiel im Kopf, das nicht real ist. Aber es macht mich stark und stolz. Und, was am wichtigsten ist: Es macht Spaß!!

(Kieran, 38, Wien)

Die Riegersburg: Hexen und starke Frauen

Jedes der 16 Schlösser, die heute an der weithin bekannten steirischen Schlösserstraße liegen, ist ein eindrucksvoller Zeuge der reichen und schillernden Geschichte der Steiermark. Touristisch genutzt und durch Autostraßen mit der Welt des 21. Jahrhunderts verbunden, scheint es im ersten Moment, als wären auch die noch so verborgenen Winkel mittelalterlicher Gemächer längst vom Licht der Wissenschaft und der modernen Geschichtsschreibung ausgeleuchtet. Ein zweiter Blick verrät aber, dass weder die Schatten der Vergangenheit noch die vielfältigen Legenden, die sich um die jahrhundertealten Bauwerke ranken, an Faszination verloren haben.

Das Wissen um Kräuter und Wurzeln und deren heilsame Wirkung wurde vielen Frauen zum Verhängnis: Als Hexen wurde ihnen unterstellt, mit dem Teufel im Bunde zu sein.
Linke Seite: Der Ort, an dem die Riegersburg steht, das Bollwerk, das weder Ungarn noch Türken noch Kuruzzen bezwingen konnten, blickt auf eine lange Geschichte zurück: In der Frühzeit unserer Erde rauchten hier die Vulkane, vor sechs Jahrtausenden suchten bereits Menschen auf dem Basaltfelsen Schutz.

Eine Burg hebt sich in mehr als einer Hinsicht von den anderen ab, sowohl in Hinblick auf ihr Alter als auch auf den Reiz, den sie auch heute noch ausübt.

Die Riegersburg im oststeirischen Bezirk Feldbach gilt als eine der ältesten und am besten erhaltenen Burgen des mittelalterlichen Europa, obwohl ihre Geschichte viel weiter zurückreicht, als der erste Eindruck zu vermitteln vermag. Funde haben bewiesen, dass bereits im Neolithikum, also rund 4000 Jahre vor unserer Zeitrechnung, Menschen den Felsen als sichere Zuflucht nutzten. Bereits im 7. Jahrhundert errichteten slawische Einwanderer, heute als Alpenslawen bezeichnet, dort eine Fluchtfeste. Die erste urkundliche Erwähnung der Burg findet sich im 12. Jahrhundert unter dem Namen Ruotkerspurch, der Burg des Rüdiger, einem Grundherrn, der zur Zeit der deutschen Besiedlung der Gegend dort herrschte. Ihre heutige Form verdankt die Riegersburg jedoch einer der schillerndsten Figuren der steirischen Geschichte, Freiin Elisabeth Katharina Wechsler, verheiratete Freifrau von Galler. Die Gallerin, wie sie zu ihren Lebzeiten genannt wurde, kam im 17. Jahrhundert in den Besitz der Burg und baute diese innerhalb von 16 Jahren zu jener Festung aus, die als die „stärkste Feste der Christenheit" in die Geschichte eingehen sollte. Auch das eindrucksvolle Wenzelstor vor der Hauptburg verdanken wir dem tatkräftigen Wirken dieser ungewöhnlichen Frau und Burgherrin. Dass die Adelige dabei weder Kosten noch

Mühen scheute, ist noch heute an mehreren Inschriften in der Burg zu erkennen, wobei die berühmteste sicher die folgende ist:

Was ich in 16 Jahren hier hab lassen paven
Das ist woll zusechen und anzuschauen
Kein Heller mich nicht reven thuet
Ich mains dem Vaterland zu guet
Anno Domine 1653

Ihre Tätigkeit als Bauherrin würde wohl genügen, um die Freifrau zu einer herausragenden Persönlichkeit steirischer, wenn nicht sogar europäischer Geschichte zu machen; die „Schlimme Liesl", wie sie aufgrund ihrer streitbaren Natur genannt wurde, hebt sich aber auch in anderen Aspekten von den Frauen ihrer Epoche ab. Ein heftiger, mehrere Jahre dauernder Disput mit einem ortsansässigen Priester, der uns in schriftlicher Form erhalten ist, zeugt von ihrer unerschrockenen Wesensart. Obwohl sie bereits im Alter von 14 Jahren als Ehefrau begehrt wurde, blieb sie bis zu ihrem 23. Lebensjahr unverheiratet, um dann die Gattin des Grafen von Galler zu werden. Die beiden verlebten 20 Jahre zusammen, und Elisabeth erwarb die Erbrechte der Burg durch Zahlung eines erheblichen Geldbetrages, bevor ihr Gatte 1660 verschied. Noch im selben Jahr heiratete sie erneut, ihre Ehe mit dem Ritter von Capell war jedoch nur von kurzer Dauer, weil ihr Ehemann bereits vier Jahre später den Tod auf dem Schlachtfeld fand. Wohl um ihre Feinde zum Schweigen zu bringen, vermählte sie sich ein drittes Mal, wobei die Ehe diesmal jedoch ganz und gar nicht von Glück gekrönt war. Ihr Gatte, der Freiherr von Stadl, verhielt sich ihr gegenüber grob und schlug sie in Anwesenheit von Gästen. Die Freiin beschloss, sich diese Behandlung nicht gefallen zu lassen, und ließ sich nach nicht allzu langer Zeit von ihrem Mann scheiden. Allein diese Entscheidung zeigt, mit welcher außergewöhnlichen Persönlichkeit wir es hier zu tun haben.

Die Gallerin lebte und wirkte dann noch einige Jahre auf der Burg, bis sie im Jahr 1668, vier Jahre vor ihrem Tod, die Herrschaft ihrer Tochter übergab. Zuvor hatte eine jahrelange Fehde die Familie entzweit – es ist nicht bekannt, wie der Zwist beigelegt wurde.

Die Riegersburg ging mit diesem Machtwechsel in den Besitz der Grafen zu Purgstall über, und erst im 19. Jahrhundert kauften die Fürsten zu Liechtenstein die Burg von den 17 Erben, an die das Besitztum nach dem Tod des letzten Riegersburger Grafen zu Purgstall aufgeteilt worden war. Daran hat sich bis heute nichts geändert, die Burgherren retteten die Feste im Jahr 1945 vor der gänzlichen Zerstörung und setzen auch jetzt noch alles daran, den drohenden Verfall des geschichtlichen Schatzes aufzuhalten.

Wer sich aufmacht, die Riegersburg zu erkunden und aus der Tiefe den ersten Blick hinauf wagt, der wird ihren Anblick auch heute noch Ehrfurcht gebietend finden, thront sie doch gut 200 Meter über dem Umland auf einem Felsen vulkanischen Ursprungs, der an drei Seiten senkrechte Felsabstürze aufweist. Bevor ein Aufzug an der Nordseite des Felskegels den Zugang zur Burg erheblich erleichterte, führte der Aufstieg durch die Burgtore entlang der Festungsmauern. Allein der Weg zur Burg lässt bereits erahnen, warum sie als „stärkste Feste der Christenheit“ bezeichnet wurde – er ist über drei Kilometer lang und führt vorüber an Schießscharten, Wehrmauern und elf Basteien und gewährt herrliche Ausblicke auf die Landschaft der Oststeiermark.

Sieben Tore gilt es zu durchschreiten. Die magische Bedeutung der Zahl Sieben ist hinlänglich bekannt, sie gilt als Zahl der Fülle und Vollkommenheit, in der christlichen Zahlensymbolik des Mittelalters steht sie für die Gnade bzw. für Ruhe und Frieden. Weniger bekannt ist, dass viele Wehranlagen durch sieben Türme, sieben Brücken, sieben Mauern oder sieben Gräben gesichert waren, die sie vor Angriffen schützen sollten – und die Zahl Sieben galt für die Slawen als Teufelszahl.

Elisabeth Katharina Wechsler, verehelichte Freifrau von Galler, wiederverehelichte von Capell, wiederverehelichte von Stadl – wohl eine der herausragendsten Frauen des 17. Jahrhunderts.

Das erste Tor der Riegersburg trägt den Namen Steinkellertor, wurde um 1690 errichtet und liegt heute am Beginn des steilen Aufstiegs. Das Cillitor, das als nächstes passiert wird, sieht für sich bereits aus wie eine wehrhafte kleine Festung. Es ist mehrstöckig und besitzt Ecktürme. Die darin angebrachten Schießscharten sollten der Verteidigung der Burg bei feindlichen Anstürmen dienen, allerdings gab es seit 1412 keine Belagerung der Burg mehr. Im Inneren des Tores befinden sich Räumlichkeiten, die im Ernstfall von den Wachen besetzt wurden, sodass ein vordringender Feind von allen Seiten angegriffen werden konnte. Das wehrhafte Bauwerk ist seit seiner Errichtung im 17. Jahrhundert unverändert geblieben.

Das dritte Tor schließlich stellte eine Art Grenze dar. Wenn es einmal passiert war, konnten die mitgeführten Pferde oder Esel bei der direkt aus dem Felsen gehauenen Rossschwemme getränkt werden. Eine Burg von der Größe der Riegersburg benötigte viele Waren, mit denen ihre Bewohner versorgt werden konnten. Eine Erinnerung an die zahlreichen Wagen und Karren der Bediensteten, Händler und Besucher stellen die Radspuren dar, die sich in den Basalt eingegraben haben und bis heute sichtbar sind.

Das vierte Tor nennt sich Lichteneggertor und befand sich einst hinter einem Burggraben, der nur mit Hilfe einer Zugbrücke überwunden werden konnte. Diese Anlage wurde jedoch bei einem Unwetter vernichtet und nur teilwei-

Schritt für Schritt lässt man auf dem Weg zur Riegersburg die Moderne hinter sich. Sieben Tore sicherten den Zugang zur Burg, sieben Tore, die Ruhe und Frieden bringen sollten.

se wieder aufgebaut. Warum gerade hier – eine ganze Strecke vor dem Betreten der eigentlichen Burg – bereits eine Zugbrücke angebracht war, erklärt ein Blick ins 12. Jahrhundert: An dieser Stelle befand sich einst die alte Ruotkerspurch, die wesentlich kleiner als ihr Nachfolgerbau war und wahrscheinlich neben einem Wohnturm nur einige Wirtschaftsgebäude umfasst haben dürfte. Die Steine dieser Burg wurden später von der Gallerin für den Ausbau ihrer Feste verwendet, der Platz diente dann zur Unterbringung der Stallungen.

Das Pyramidentor weist viele dekorative Elemente wie Obelisken und Wappen auf. Gegen Ende des Zweiten Weltkrieges wurde das Tor zerstört, konnte aber einige Jahre später rekonstruiert werden.

Nach einem weiteren Anstieg liegt das Wenzelstor mit seinem Graben und seiner Brücke vor uns. Auch diese Brücke, besser gesagt ein Teil davon, konnte ursprünglich hochgezogen werden. Das beeindruckende Tor ist mit Eisen beschlagen, rechts und links vom Eingang halten die kriegerischen Statuen von Bellona und Mars

stumme Wache. Hier finden sich auch in Stein gemeißelte Worte der Erbauerin, die die Stärke der Burg preisen. Nach dem Durchschreiten des Wenzelstores kann das kleine Zeughaus zu linker Hand besichtigt werden, das Einblick in die Bewaffnung bzw. die Lagerung von Waffen in vergangenen Tagen gewährt. Das Gebäude ist bereits ein Teil der Vorburg, in der vor allem Wachen und Soldaten stationiert waren und zum Teil auch Gefangene festgehalten wurden. Von hier aus wurde an der Westseite des Burgberges ein schmaler Steig errichtet, um bei einer möglichen Belagerung unabhängig vom Hauptzugang zu sein. Die Geschichte erzählt, dass einst zwei verfeindete Brüder aus dem Geschlecht der Lichtenegger einen Streit austrugen, der die Versorgung der oberen Burg unmöglich machte. Deren Herr ließ daraufhin den 120 Meter langen so genannten Eselssteig in den Basaltfelsen hauen, um unbehelligt von den Launen seines jüngeren Bruders, der die untere Burg kontrollierte, das Tal erreichen zu können.

Das siebente und letzte Tor gibt schließlich den Eingang in den engen Burghof frei. Hier zeugt der Burgfried aus dem 13. Jahrhundert vom Alter der Festung. Im Zuge der Umbauten durch die Gallerin wurden jedoch neuere Gebäude um ihn herum errichtet, so dass er nicht mehr ohne weiteres erkennbar ist.

Schritt für Schritt die Welt der Moderne hinter sich lassend, fällt es auch aufgeklärten Gemütern schwer, sich der eigentümlichen Faszination der alten Mauern zu entziehen. Wer in der Steiermark zur Schule gegangen ist, erinnert sich vielleicht an jene Sachunterrichts-Stunden, in denen die Sagen über die Riegersburg im Mittelpunkt standen.

Längst haben sich Historie und Legende vermischt und haben neben der Gallerin auch noch eine andere Frauengestalt erschaffen, deren Schicksal untrennbar mit der Burg verbunden ist. Die Blumenhexe Katharina soll ein bezauberndes Mädchen gewesen sein, unter deren Händen auch im Winter die wunderschönsten Blumen erblühten. Neider klagten die Unschuldige jedoch an, dass es dabei nicht mit rechten Dingen zuginge, was zur Folge hatte, dass Katharina in die Fänge der Hexengerichte geriet und dort einen grausamen Tod fand.

Jene Sage hat sich mit einer tatsächlichen Begebenheit verknüpft, sodass es unmöglich ist festzustellen, wo die Wirklichkeit endet und wo die Phantasie beginnt. Eine gewisse Katharina Paldauf lebte als Bedienstete der Freiin zu Galler auf der Burg und heiratete später den Verwalter der Burg, dem sie drei Kinder schenkte. Die Ehe soll dennoch nicht sehr glücklich gewesen sein, und Katharina wurde als unglücklich und missmutig beschrieben. Als Feldbach in den Jahren 1673 bis 1675 zum Schauplatz des größten Hexenprozesses der steirischen und österreichischen Geschichte wurde, geriet auch die Gattin des Verwalters in die Fänge der Justiz und wurde der Hexerei für schuldig befunden. Sie wurde noch im September 1673 als Wettermacherin und Schadenszauberin hingerichtet. Gerüchten zufolge soll Katharina einen Ausweg aus ihrer unglücklichen Ehe gesucht und sich anderweitig vergnügt haben – ein Ehebruch mit dramatischen Folgen: Um diese Schmach zu verbergen, versprach sie ihr Kind dem Teufel und ertränkte es, nachdem sie es in einer Vollmondnacht neben dem Brunnen im Innenhof der Burg geboren hatte.

Ob an dieser Geschichte irgendetwas wahr ist, lässt sich ebenso wenig feststellen wie an der Darstellung Katharina Paldaufs als bereits erwähnte Blumenhexe. Auch wenn die sehenswerte multimediale Ausstellung „Sagenhafte Riegersburg – Legendäre Frauen" die Burgbewohnerin hinter einem Vorhang von Rosen zeigt, wird auch darauf hingewiesen, dass sich in alten Gerichtsakten keine Hinweise auf eine Anklage wegen widernatürlichen Wachstums von Pflanzen finden. Die Verschmelzung der Blumenhexe mit der historischen Figur der in ihrem 60. Lebensjahr ermordeten Katharina dürfte wohl eher damit zu begründen sein, dass sowohl die legendäre als auch die historische Gestalt ihr Ende in den Fängen der Inquisition fand.

Die Geschichte Katharina Paldaufs wird eindrucksvoll in der bereits erwähnten Ausstellung über legendäre Frauen dargestellt, ebenso wie das Leben jener Frau, in deren Diensten sie stand: der Gallerin. Die Exponate nehmen nun den größten Teil der Burgräume in Anspruch, was zur Folge hat, dass das zweite Museum, das in der Feste beheimatet ist, nun stark verkleinert ist.

Das Hexereimuseum, das sich im Kellergeschoß der Riegersburg befindet, wurde im Jahr 1987 als Landesausstellung konzipiert. Bis heute handelt es sich hierbei um die besucherreichste Landesausstellung auf steirischem Boden, was die Verantwortlichen dazu bewog, die temporär gedachte Attraktion in ein Museum zu verwandeln.

Damit wird es auch zu einem Denkmal für alle die Unglücklichen, die in jenen dunklen Jahren unserer Geschichte – als Hexen und Zauberer denunziert – auf grausame Art zu Tode kamen. Namen und Herkunftsort der Opfer zeichnen eine düstere regionale Landkarte des Aberglaubens. Neben Informationen rund um Gründe und Fakten des Hexenwahns findet sich in einem der Ausstellungsräume ein besonderes Ex-

Katharina Paldauf, die Blumenhexe. Eine Frauengestalt, in der sich Sage und Wirklichkeit vermischen. Doch sowohl die legendäre als auch die historische Gestalt fand ihr Ende 1673 – in den Fängen der Inquisition.

ponat, nämlich der Grabstein eines Adeligen, der aktiv als Hexenrichter für die Inquisition tätig war.

Graf Johann Ernst zu Purgstall war ein direkter Nachfahre der Freiin zu Galler und gelangte als prominentester Richter der oststeirischen Hexenprozesse zu zweifelhaftem Ruhm. Dies fügt der Geschichte der Festung neben der Legende der Opfer auch die der Täter hinzu.

Wer nach dieser Konfrontation mit den Schattenseiten der Geschichte noch nicht genug hat, der kann beim Abstieg von der Burg nach dem ersten Tor nach rechts abzweigen. Auf einem nicht allzu großen Rasenstück, von dem aus man einen atemberaubenden Blick auf das grüne und hügelige Umland werfen kann, erinnert eine Kapelle an die Schrecken von Krieg und Tod in verschiedenen Epochen der Geschichte. Ein an Menhire erinnernder Halbkreis von zehn um ein Birkenkreuz errichteten Steinen gemahnt der Opfer verschiedener Schlachten, die auf steirischem Boden geschlagen wurden. Die Auflistung geht dabei fast 1500 Jahre zurück und endet mit jenem Krieg, der so tiefe Wunden gerissen hat wie wohl kaum einer zuvor und dessen Ende nun ein halbes Jahrhundert zurückliegt. Dem Zweiten Weltkrieg sind auch die Gedenktafeln gewidmet, die rundherum auf der Begrenzungsmauer angebracht

Sagen und Legenden ranken sich um die Riegersburg und wohl niemand kann sich der Faszination entziehen, die dem alten Gemäuer innewohnt. Holzstich nach H. Nestel, 1880.

sind. Sowohl die Anzahl der Gefallenen als auch jene der zivilen Opfer sind dort für die umliegenden Gemeinden vermerkt, ebenso wie die kurze Beschreibung von Kampfgeschehen und der Zerstörung durch Angriffe der Alliierten. Der kleine, von Efeu überwachsene Brunnen wirkt dabei fast wie aus einem Märchenbuch und verbindet das Gedenken jüngerer Geschichte mit der längst verlorenen Zeit, der die Feste entstammt.

Ein Blick in den Weißen Saal mit seiner kunstvollen Stuckdecke zeigt, dass die Trutzburg nicht nur wehrhaft, sondern auch prunkvoll war.

Mein Besuch auf der Burg war einfach fabelhaft! Da, wo ich herkomme, würde man so einen Ort nur in Geschichtsbüchern oder Filmen finden, immerhin ist die westliche Kultur in Australien gerade mal 250 Jahre alt. Dass die Burg auf eine so alte Geschichte zurückblicken kann, ist für mich noch immer schwer vorzustellen. Ich habe mir die Ausstellungen angeschaut, und sie haben mir gefallen, auch wenn ich nicht alles verstanden habe. Ich spreche ja kein Wort Deutsch, und die österreichische Freundin, mit der ich unterwegs war, musste alles übersetzen. Gerade bei historischen Dokumenten oder den Videos in der Ausstellung über „Legendäre Frauen" ist das aber leichter gesagt als getan. Auch wenn sie sich wirklich bemüht hat, ist mir da viel entgangen. Vielleicht hat mich die Burg gerade darum so beeindruckt – nicht die museale Aufbereitung, sondern das Gebäude an sich. Allein der Blick aus der Ferne ist ja schon atemberaubend, und die Räume der Burg spotten einfach jeder Beschreibung. Welcher Aufwand da hineingegangen sein muss, einfach unvorstellbar. Ich habe auch ein wenig versucht, mein eigenes Ding zu tun, wollte wissen, wie sich der Bau einfach „anfühlt". Ich habe das Gefühl, dass die Mauern Geschichten erzählen, man spürt irgendwie die Menschen, die hier gelebt haben. Meine steirische Freundin hat mir dann erzählt, dass sie als Kind gehört hat, es würde hier spuken. Mich hat das nicht gewundert. Bei all den leuchtenden und ungewöhnlichen Persönlichkeiten, die mit der Burg in Verbindung stehen, ist da sicher ein starkes Erbe da. Und die Geschichte der Blumenhexe wirkt genauso bewegend wie das Kriegsdenkmal weiter unten. Irgendwie scheint alles gut ineinander zu wachsen, so als hätten, ich weiß nicht wie viele Jahre Geschichte ein Ventil gefunden, sich auszudrücken.

(Kathryn, 28, Australien)

Übersinnliches und Aber-Glaube

Die Steiermark im Hexenfieber

Der Schwarze Holunder, eine der vielseitigsten Heilpflanzen, galt in früheren Zeiten als Abwehrmittel gegen Schwarze Magie und Pestilenz.
Linke Seite: Der Mond als Spiegelbild der Geschehnisse im Universum, als Sinnbild für Werden und Vergehen. Hexen beschwören eine magische Verbindung zum Vollmond herauf, wenn sie ihre wilden Feste feiern.

Die Hexenverfolgung ist eines der dunkelsten Kapitel in der Geschichte des Abendlandes. Über mehr als drei Jahrhunderte wurden fast überall in Europa Menschen als Hexen und Zauberer verhaftet, gefoltert und hingerichtet. Der Glaube an den Teufelsbund war so tief im Bewusstsein unserer Vorfahren verankert, dass auch die neue Welt nicht von diesem Phänomen verschont blieb. Noch heute ruft der Name „Salem" unvermeidlich die Erinnerung an jene Epoche wach, die tausenden und abertausenden Menschen das Leben kostete und deren Familien in den sozialen und finanziellen Ruin trieb.

Warum aber haben wir uns entschlossen, diesem alles andere als angenehmem Thema Platz in einem Buch über die Steiermark und ihre besonderen Orte zu geben? Es ist wahr, dass die Hexenverfolgung keineswegs auf die Grüne Mark begrenzt war, immerhin waren es Tirol und Kärnten, die über 50 Jahre früher die Jagd auf Hexen eröffnet hatten.

Dennoch war es die Steiermark, die sich durch besonderen Eifer hervortat. So hat sich Johann Schleich in seinem Buch „Hexen, Zauberer und Teufelsbund in Österreich" die Mühe gemacht, die Hexenprozesse einzeln zu durchforsten und zu beschreiben. Gezählte 141 (!) dieser Gerichtsverfahren fanden in der heutigen Steiermark statt, während Bundesländer wie das Burgenland gerade einmal mit elf und Wien sogar nur mit vier Anklagen aufwarten können. Woran diese besondere Hingabe zum Aberglauben und damit auch zum Glauben an den Teufelsbund liegt, ist schwer zu beantworten. Die Erklärungsversuche warten zwar mit vielen Thesen auf, können die Gründe für die Ungleichverteilung jedoch nicht plausibel machen. Ob es nun soziale oder geografische Gegebenheiten sind, die den Wahn begünstigten, oder aber die Vorherrschaft bestimmter religiöser Orden oder Herrschergeschlechter, die Leidenschaft, mit der Menschen als Hexen und Zauberer verfolgt wurden, bleibt bis heute eine verstörende Tatsache.

Doch zurück ins 17. Jahrhundert. Es ist die Stadt Feldbach, die mit dem größten Hexenprozess Österreichs aufzuwarten hat. Über 100 Menschen gerieten dabei in den Jahren 1673 bis 1675 in die Fänge der Inquisition, eine Bilanz, die nicht einmal der so genannte „Zauberjackelprozess“ im viel größeren Salzburg aufweisen kann.

Eine zentrale Figur der Feldbacher Hexenprozesse ist der Priester Georg (Gregorius) Agricola. Ihm wurde wie so vielen anderen der Bund mit dem Teufel nachgesagt. Ein grundschlechter Mensch soll er gewesen sein und der Anführer einer Gruppe von Teufelsanbetern, die Rituale abhielten, um den Höllenfürsten zu beschwören. Selbst in der Kirche von Hatzendorf, wo Agricola als Pfarrer tätig war, sollen Neugeborene im Namen des Teufels getauft worden sein, was die Kirche dazu veranlasste, mehreren Dutzend im Taufbuch vermerkten Kindern erneut das heilige Sakrament der Taufe zu spenden. Die Mitglieder der Teufelssekte sollen auch sonst durchaus rege gewesen sein und versucht haben, mehr und mehr Menschen für ihr lästerliches Treiben zu gewinnen.

„Lass das Wasser nicht empfangen den Körper dessen, der vom Gewicht des Guten befreit durch den Wind der Ungerechtigkeit emporgetragen wird.“ Mit dieser Gebetsformel wurden die gefesselten Angeklagten in das Wasser hineingelassen. Gingen Sie unter, war ihre Unschuld bewiesen; blieben sie an der Wasseroberfläche, war es ein Zeichen für Schwarze Magie und gleichzeitig das Todesurteil. Holzschnitt der „Wasserprobe“ aus der Constitutio Criminalis Bambergensis, Mainz 1507.

Welche Rolle der als Oberhaupt der Sekte angeklagte Priester tatsächlich gespielt hat, bleibt bis heute unklar. In der Hexenausstellung auf der Riegersburg finden sich Berichte darüber, dass Agricola alten Frauen weismachen wollte, sie seien Hexen, wobei ihm keine List zu gering gewesen sein soll. Die im Laufe eines Verfahrens geäußerten Beschuldigungen der Inquisition führten schließlich immer zu einem Geständnis. Die Mittel hierzu lagen in ausgeklügelten Foltermethoden, die jedes Bekenntnis und jede Denunziation zu erzwingen vermochten. Die wenigen, die trotz der Qualen auf ihrer Unschuld beharrten, wurden den so genannten Hexenproben unterzogen, wie etwa der Feuer- oder Wasserprobe, bei der die betreffende Person – an Händen und Füßen gefesselt – ins Wasser geworfen wurde. Ging sie unter und ertrank, war ihre Unschuld bewiesen, und sie erhielt ein kirchliches Begräbnis. Ging der Körper jedoch nicht unter, so wurde dies als Einwirken übernatürlicher, dämonischer Kräfte gesehen, was zum Todesurteil der Angeklagten führte.

Im Jahr 1673 wurden 17 Leute aus der Umgebung unter der Anklage der Hexerei in den Tabor von Feldbach gebracht. Nach peinlicher Befragung gaben sie nicht nur eine Reihe von Untaten zu, sondern bezichtigten auch noch andere, dem Teufelsbund anzugehören. In den nächsten zwei Jahren weitete sich die Verfolgung aus und kostete mindestens 40 Menschen das Leben. Ihr Schicksal lässt sich anhand der Gerichtsakten, in denen die Art der Hinrichtung vermerkt ist, nachvollziehen.

Schauplatz dunkler Geschehnisse: der Altar in der Kirche von Hatzendorf. Hier wirkte Gregorius als Seelsorger, ehe er als Anführer einer Teufelssekte im Jahr 1675 starb.

Dem Pfarrer Agricola gelang zunächst die Flucht nach Salzburg, wo aber auch er schließlich in die Fänge der Hexenverfolger geriet. Er wurde unehrenhaft aus der Kirche ausgestoßen und der weltlichen Gerichtsbarkeit übergeben. Im April 1675 starb er in seinem 62. Lebensjahr im Gefängnis – ob an Erschöpfung oder durch Erdrosselung ist ungeklärt. Man behauptete, der Teufel selbst habe seinen treuen Anhänger geholt, und ließ einen Raben aus dem Kerkerfenster flattern, um den Aberglauben der Bevölkerung zu beflügeln. Sein Körper blieb über Wochen unbestattet, weil die Feldbacher Bürger nicht für sein Begräbnis aufkommen wollten, bis am Ende die Regierung die Kosten übernahm.

Ein weiterer bekannter Name steht mit dem Prozess in Feldbach in Verbindung. So war auch die Blumenhexe Katharina Paldauf bereits unter den Ersten, die im Jahr 1673 gefangen genommen wurden. Ihre Geschichte findet sich in unserem Kapitel über die Riegersburg. Wie dort erwähnt, hat sich diese Festung zu einer zentralen Gedenkstelle für die Opfer des Hexenwahns entwickelt. Wer auf den Spuren dieser historischen Ereignisse wandeln möchte, hat aber auch im Umland Gelegenheit dazu.

Die Kirche von Hatzendorf, in der Agricolas Treiben seinen Ausgang genommen haben soll, kann heute noch besichtigt werden. Zwar weist nichts in dem beschaulichen Gotteshaus auf die Geschichte hin, die mit ihren Mauern verknüpft ist, der Altar und die zum Teil interessanten Darstellungen christlicher Heiliger sind aber durchaus einen Besuch wert. Es scheint, als habe der Ort Frieden geschlossen mit seiner dunklen Vergangenheit, und das Gotteshaus unterscheidet sich nicht wesentlich von anderen ländlichen Kirchen.

Wer mit offenen Augen durch das Dorf wandert, dem wird jedoch ein seltsamer Brunnen auffallen, der sich gegenüber der Raiffeisenbank Hatzendorf befindet. Eine aus Eisen geformte Mönchskutte scheint den winzigen Teich mit geneigtem Kopf zu bewachen. Aus den ausgestreckten Armen rinnt klares Wasser in das Auffangbecken zu den Füßen der unheimlich wirkenden Gestalt. Eine Inschrift enthüllt das Geheimnis des ungewöhnlichen Kunstwerkes: „GREGORIUS AGRICOLA, geb. 1613 in Fehring, 1668–1674 Pfarrer von Hatzendorf. Seine Pfarrseelsorge fiel in die Zeit des Hexenwahns. So wurde er das Opfer seiner Zeit und verstarb an Erschöpfung nach erfolgter Tortur (oder Erwürgen) am 27. April 1675 im Arrest in Feldbach.

Der Agricola-Brunnen in Hatzendorf, errichtet zum Gedenken an viele, die in den Mühlen der Inquisition ein trauriges Ende fanden.

Gerechtigkeit dem Andenken des unglücklichen Pfarrers Agricola."

Das kleine Denkmal wurde im Jahr 1994 errichtet und ist nicht nur aufgrund seiner Form ungewöhnlich. Meist bleiben die Opfer der Inquisition nicht mehr als Nummern einer anonymen Masse, weil weder Namen noch Hintergründe der Betreffenden bekannt sind. Gerade an herausragenden Figuren wie der Blumenhexe oder an Agricola scheint der Wahnsinn der Hexenverfolgung jedoch schmerzlich klar zu werden. Ihr Gedenken wird damit stellvertretend für so viele, die in den Mühlen der mittelalterlichen Gerichtsbarkeit ein trauriges Ende fanden.

Auch Feldbach hat eine besondere Art gefunden, mit diesem dunklen Kapitel der Vergangenheit umzugehen. Der Tabor im Herzen Feldbachs dient heute als Museum, wobei es eine bunte Bandbreite von Themen ist, denen die Ausstellungen gewidmet sind. Ein archäologisches Museum ist dort ebenso beheimatet wie ein Feuerwehrmuseum und eine Sammlung von Exponaten über das steirische Bauerntum. Als Teil der Schlösserstraße weisen eher kurz gehaltene Schautafeln auf die Rolle des Bauwerkes hin und erzählen seine Geschichte von den Anfängen als Festung bis hin zu einem Denkmal für die Gefallenen der Weltkriege. Über einem der Eingänge prangt unter zwei Fahnen jedoch die Inschrift: „Hexenkeller – Gefängnis 1673–75", was zumindest Kundigen den Weg in jenes Gewölbe weist, das für etwa 100 Menschen tatsächlich zur Hölle wurde. Eine kurze Treppe führt ins Untergeschoß und damit in die ehemaligen Verliese, die nun eine Ausstellung über die Geschichte Feldbachs zur Zeit des Nationalsozialismus beinhalten. Auf den ersten Blick mag dieser Umstand befremdlich erscheinen, er lädt aber auch dazu ein, sich mit der unangenehmen Tatsache auseinanderzusetzen, dass die grausame Verfolgung und die Ermordung von unschuldigen Menschen in unserer Vergangenheit nicht nur einmal finstere Blüten getrieben haben.

Für die Gerichtsbarkeit bei den Hexenprozessen waren die weltlichen Gerichte zuständig. Eine Ausnahme waren die Feldbacher Hexenprozesse, in denen die Kirche unter grausamster Folter Geständnisse erpresste. Das gebräuchlichste Folterinstrument im Feldbacher Tabor waren die Daumenschrauben, aber auch das Richtrad und die „Tortur auf dem Stuhl" wurden angewendet.

Feldbach ist dabei nicht der einzige Ort, in dessen Geschichte die Hexenprozesse ihre Spuren hinterlassen haben. Auch in Gleichenberg wurden 40 Menschen dem Feuer übergeben, und in Radkersburg entwickelte man einen

besonderen Hexenstuhl, auf dessen mit Klingen versehener Sitzfläche Geständnisse erzielt wurden. Wie viele Menschen dem Hexenwahn zum Opfer fielen, ist bis heute ungeklärt, weil Aufzeichnungen, wie bereits erwähnt, lückenhaft sind oder gänzlich fehlen. Meist wurde eher festgehalten, wenn eine Person von Ansehen – also aus höheren Schichten der Gesellschaft oder aus dem Klerus – als Hexe oder Zauberer verurteilt wurde. Häufig finden sich jedoch keine schriftlichen Zeugnisse, vor allem wenn es sich um jene handelte, die nur allzu beliebte Opfer darstellten, wie Landstreicher, Diebe, Zigeuner. Sie alle waren umso mehr gefährdet, als dass sie ohnehin zu den Unerwünschten und Außenseitern der Gesellschaft zählten. Sie ließen sich freilich leicht als Sündenböcke verwenden; ein Phänomen, das sich bei den Pestwellen wiederholte, die zum Teil zeitgleich das Land entvölkerten. Auch hier waren es Heimatlose und Bettlerinnen und Bettler, die als Auslöser der Seuche dargestellt wurden. Mehr dazu jedoch in unserem Kapitel über die Pest in der Steiermark.
Der Vollständigkeit halber sei hier auch erwähnt, dass es noch eine weitere Bevölkerungsgruppe gab, die unter den Vorurteilen und der Ignoranz zu leiden hatte, die hier so ungezügelt ausgelebt wurden: jene der Juden.
Der jüdischen Bevölkerung wurden allerhand Frevlereien angelastet, seien diese nun Hostienschändung, Zauberei oder Ritualmorde an kleinen Kindern, für die sie mit Folter und Tod zu bezahlen hätten. Auch ihnen wurde die Schuld für das Ausbrechen der Pest nachgesagt, und die Hinrichtung eines oder mehrerer Angehöriger des jüdischen Glaubens scheint immer wieder gereicht zu haben, die Unzufriedenheit innerhalb der (christlichen) Gesellschaft zumindest für eine gewisse Zeit zu minimieren. Angesichts dieser Hintergründe wird erahnbar, in welcher Angst die Menschen dieser Zeit gelebt haben müssen, denn der Hexerei oder Zauberei angeklagt zu werden, blieb nicht auf einen bestimmten Stand oder die Zugehörigkeit zu einer Religion beschränkt.
Unternimmt man nämlich den Versuch, anhand der Hexenverfolgung ein schlüssiges Bild davon zu bekommen, was eine Hexe ausmacht, so zeigt sich schnell, dass dies ein müßiges Unterfangen darstellt. Nicht umsonst werden die Vorgänge dieser Jahrhunderte auch als Hexenwahn bezeichnet, machte die Verfolgung doch vor kaum jemandem Halt. Frauen, Männer und Kinder aus allen Gesellschaftsschichten gerieten ins Schussfeld der Inquisition, auch wenn es Höhergestellten sehr wohl möglich war, sich durch großzügige Geldspenden aus den Folterkellern freizukaufen. Generell spielten Finanzen eine durchaus bedeutende Rolle, wenn es um die Verurteilung und Hinrichtung der Hexerei Beschuldigter ging. Die Kirche und später auch die weltlichen Gerichte stellten Angehörigen jene Materialien in Rechnung, die im Laufe des Prozesses vonnöten waren – inklusive des für die Verbrennung benötigten Feuerholzes. Auch die Bestattung wurde den Familien in Rechnung gestellt, ein Gebaren, das bei der Geschichte des Priesters von Hatzendorf augenscheinlich wird.

Mitten in Feldbach befindet sich der Tabor, eine mittelalterliche Befestigungsanlage aus dem 15. Jahrhundert, errichtet zum Schutz gegen die Türken und Ungarn. Grausige Geschehnisse passierten in den Jahren 1673 bis 1675, als der „Hexenkeller" des Tabors als Gefängnis für die Angeklagten der Inquisition diente.

Ebenso facettenreich wie die Menschen, die hingerichtet wurden, waren auch die Vorwürfe, die ihnen zur Last gelegt wurden. Das Heraufbeschwören von Unwettern oder das Behexen mit Krankheiten waren beliebte Anklagen. Je länger die Verfolgung jedoch andauerte, desto phantasievoller und abstruser wurden auch die Anklagen. Jedes Unglück wurde den dunklen Mächten der Hexerei angelastet, von sauer gewordener Milch bis hin zu Warzen. Waren schlechte Ernten ein Machwerk der Hexen, so galt das auch guten Ernten auf den Feldern des Nachbarn; und man sagte den Hexen nach, sie könnten sich jeden Reichtum der Welt herbeizaubern. Nichtsdestotrotz waren es weiterhin hauptsächlich Bettler und Vagabunden, die den Tod fanden, auch wenn man keinen Groschen bei ihnen fand. Trotz jener scheinbaren Beliebigkeit gibt es jedoch auch Schriftstücke, die sowohl Vorgehensweisen als auch besondere Risikogruppen definierten. Obwohl in vielen Gegenden, wie beispielsweise in der Oststeiermark, das Ge-

actus praeternaturalis keines weniger besonders
essentialiter nicht erforderlich, sondern per ac-
cidens zu geschehen pfleget, dass die anwesenheit des
Hexen geschmeiss von dem Vieh durch ohngewöhnliches
schnauffen und wüten verspühret werde; zu mahlen
schon vielfach erwähnet worden seyn, dass der Mensch
ohne, dass auch das Vieh dergleichen gespenst verspühre,
von solchen Hexen geschmeiss nicht geplaget worden seyn,
etc: so eben in gegenwärtigen casu stante fassione
jurata des beleydigten wolschmerz sich zu ge-
tragen hatte, also verbleibet dieses factum praeter-
naturale gewiss dargethan, also die enarrirte
umständen per inquisitionem mihi in der Relation
A: fol: 34: vers: wie aber indubitanter etc: ange-
zeiget worden, sich allerdings verificiret haben.

Ad quartum factum: beziehe mich gleichfalls in die
Relation A: fol: 36: vers: weiters et fol: 75: vers:
ad quartum factum etc: hierüber ich in confirmatio-
ne processus B: die beleydigte Ursula Teufelin
ad eruendum specificum indicium, wie dieser, was
ihr praeternaturaliter widerfahren, inquisitae,
oder ihrer tochter Marcka Stanin beizuschädigen werden
könte ? fol: 17: biss fol 19: ferners vernommen,
von welcher aber ein mehreres nicht, als in dem ersten

B: fol: 5: biss fol: 6: auch über jenen umbstand
weithers examiniret habe, ob zu jener Zeit in
dem ged: stall, wo er gelegen, und an seiner
liger statt von dem Hexen geschmaiss gepeiniget
worden, sich einiges Vieh, und was vor eines ?
befunden ? auch was es darbey gemacht oder
gethan, wie oder was gestalten sich solches ietzt ob
es etwas gespenst verspühret habe ? in deme a
posteriori in dergleichen begebenheiten das unver-
nünfftige Vieh bey verspührung eines solchen Zau-
berischen gespensts ein ohngewöhnliches acht zu
wüthen, zu toben und zu schnauffen pfleget; so
hat aber über disen umbstand Ibid: fol: ein mehrers
von dem beleydigten nicht erhoben werden können,
als dass sich zur damahligen Nachts Zeit in jenem
stall nur ein einiges 2: jähriges Fohl befunden,
~~und~~ dises aber in anwesenheit des Zauberischen
geschmeiss in frieden gelegen, und sich nichts gerühret
hatte, welches auch Stephan Crainz bezeugen würde.
diser Stephan Crainz seye aber ins Hungarn, ohn-
wissend wohin ? abgangen, mithin zu mehrer con-
firmirung nicht vernommen werden können.
Unbewillen aber derley von dem ged: Vieh erzei-
gender widerstand zu bekräfftigung eines solchen

inke Seite: Die abgebildete Seite enttammt einem Verhörprotokoll im letzten teirischen Hexenprozess, der von 1744 is 1746 auf Oberradkersburg stattfand. Ieben zwei Männern wurde der bis dahin nbescholtenen Bürgerin Apollonia Heriz us Wernsee der Prozess in „crimen magiae“ gemacht. Der Belastungszeuge Nilas Kreinez sagte aus, dass über 30 Ianns- und Weibsbilder eines Nachts in enen Stall gekommen wären, in dem er elegen sei. Die Unholden mit ihren Krüen und Lichtern hätten sich auf ihn geegt und ihn fast erdrückt. Erst als ihm sein benfalls in demselben Stall nächtigender Iitknecht Stephan Kreinez mit Weihwaser geholfen hätte, seien die unheimlichen esucher wieder gegangen. Als einzige on ihnen hätte er die Herizin erkannt. eine weitere Zeugenaussage widerspricht len Anschuldigungen. Der Landgerichtserwalter hat *„auch jenen Umstand weier untersucht, ob zu jener Zeit in dem tall, in dem er* (Niklas Kreinez, d. A.) *geegen und auf seiner Liegestatt gepeinigt vorden wäre, sich einiges Vieh, und welhes, befunden hätte? Auch, was es dabei emacht oder getan, wie oder was für Getalten es sich entsetzt oder das tätige Gepenst gespürt habe? Im Falle von dergleihen Begebenheiten das unvernünftige Vieh bei der Wahrnehmung eines solchen auberischen Gespensts auf ungewöhnlihe Art zu wüten, zu toben, und zu chnauben pflege; so hat Genaueres von len Beleidigten nicht erhoben werden können, als dass sich zur nämlichen Iachtzeit in jenem Stall nur ein 2-jähries Rösslein befunden hätte, dieses aber n Anwesenheit des zauberischen Gesinles in Frieden gelegen und sich nicht geührt hätte, welches auch der Stephan Kreinez bezeugen würde. Dieser Stephan Kreinez aber sei in den Lungau, unwissend vohin abgegangen, mithin also zur weieren Konsultierung dieser nicht vernom-*

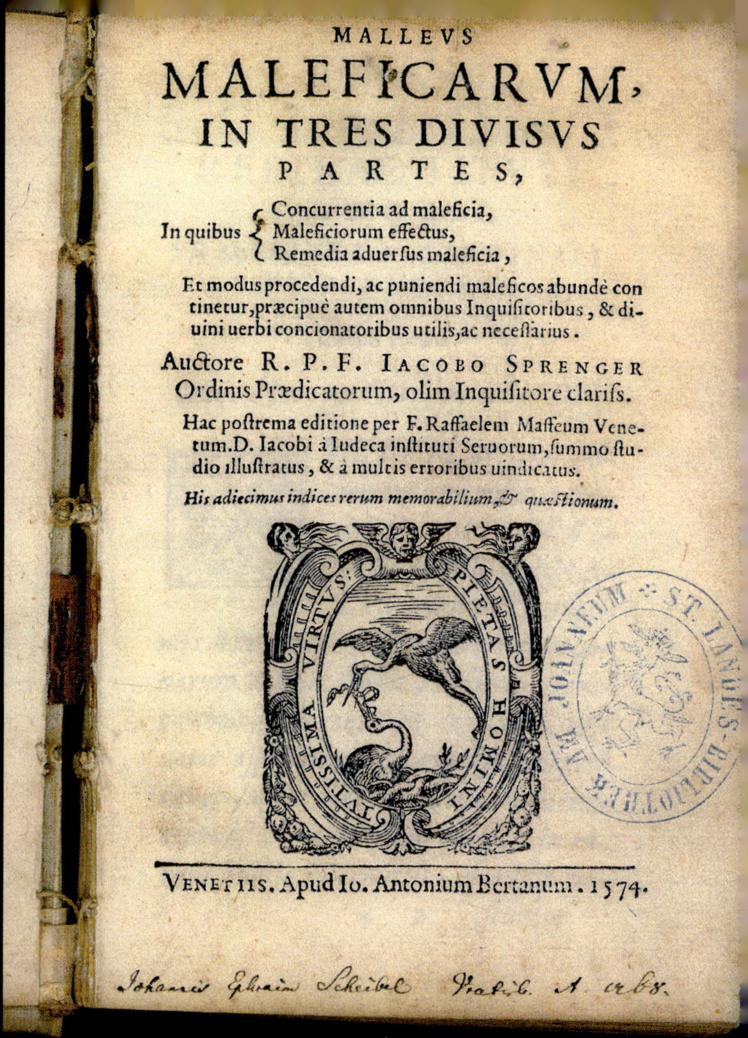

MALLEVS
MALEFICARVM,
IN TRES DIVISVS
PARTES,

In quibus { Concurrentia ad maleficia, Maleficiorum effectus, Remedia aduersus maleficia,

Et modus procedendi, ac puniendi maleficos abundè continetur, præcipuè autem omnibus Inquisitoribus, & diuini uerbi concionatoribus utilis, ac necessarius.

Auctore R. P. F. Iacobo Sprenger Ordinis Prædicatorum, olim Inquisitore clariss.

Hac postrema editione per F. Raffaelem Maffeum Venetum. D. Iacobi à Iudeca instituti Seruorum, summo studio illustratus, & à multis erroribus uindicatus.

His adiecimus indices rerum memorabilium, & quæstionum.

Venetiis. Apud Io. Antonium Bertanum. 1574.

Im Jahre 1486 veröffentlichten die Dominikaner Heinrich Kramer und Jakob Sprenger den Hexenhammer (lat. Malleus Maleficarum), ein Werk, das klare Richtlinien vorgibt für die Verfolgung und Hinrichtung von Hexen. Über 200 Jahre wurde de Hexenhammer benutzt, der Anweisungen zur Durchführung eines Hexenprozesses schlechterverhältnis der Opfer in etwa ausgeglichen war und in der Obersteiermark sogar die Zahl der männlichen Angeklagten überwog, ist es doch europaweit auffällig, dass die Opferbilanz eindeutig zu Lasten des weiblichen Geschlechtes ging. Spezifisch weibliche Gruppen wie zum Beispiel Hebammen wurden als besonders anfällig für die Verführungen des Teufels betrachtet. Dem angemessen ist auch der Sprachgebrauch der entsprechenden Schriften. So ist das bekannteste und wohl auch bedeutendste Werk der von Sprenger und Krämer verfasste „Malleus maleficarum" (1486) einfach unter dem deutschen Namen „Hexenhammer" geläufig und verwendet weibliche Sprachformen, wenn es um die Beschreibung von Angeklagten geht.

Eine besonders barbarische Art der Hinrichtung war die Verbrennung. Doch es gab auch Unterschiede. Manche Delinquenten wurden zuerst geköpft und dann erst dem Scheiterhaufen übergeben, während andere bei lebendigem Leib verbrannt wurden.

Nicht nur die Universitäten und die katholische Kirche standen hinter diesen Lehren, auch beliebte Volksprediger wie Abraham a Santa Clara oder auch der Reformator Martin Luther waren glühende Anhänger der Hexenverfolgung. Für den großen Reformator hatte eine Stelle im Alten Testament absolute Gültigkeit: „Die Zauberinnen sollst du nicht am Leben lassen" (2. Mose 22,17). Dies wird in einer Hexenpredigt deutlich, die Luther am 6. Mai 1526 hielt. Er verleiht hier seinem tiefen Abscheu vor dem Übel der Hexerei Ausdruck und gibt der gnadenlosen Verurteilung der im Verdacht stehenden Frauen Recht:

Es ist ein überaus gerechtes Gesetz, dass die Zauberinnen getötet werden, denn sie richten viel Schaden an, was bisweilen ignoriert wird, sie können nämlich Milch, Butter und alles aus einem Haus stehlen ... Sie können ein Kind verzaubern ... Auch können sie geheimnisvolle Krankheiten im menschlichen Knie erzeugen, dass der Körper verzehrt wird ... Schaden fügen sie nämlich an Körpern und Seelen zu, sie verabreichen Tränke und Beschwörungen, um Hass hervorzurufen, Liebe, Unwetter, alle Verwüstungen im Haus, auf dem Acker, über eine Entfernung von einer Meile und mehr machen sie mit ihren Zau-

Auf dem Schöckel treffen sich in der Walpurgisnacht, der Nacht vom 30. April auf den 1. Mai die Hexen. Es ist die Nacht des Mondfestes, in der die Hexen vorgeblich ihr wildes Ritual abhalten und auf die Ankunft des gehörnten Gottes warten.

berpfeilen Hinkende, dass niemand heilen kann ... Die Zauberinnen sollen getötet werden, weil sie Diebe sind, Ehebrecher, Räuber, Mörder ... Sie schaden mannigfaltig. Also sollen sie getötet werden, nicht allein weil sie schaden, sondern auch, weil sie Umgang mit dem Satan haben.

Martin Luther war ein klarer Befürworter der Todesstrafe für Schadenszauberei und zeigt noch dazu eine stark frauenfeindliche Tendenz. In der oben genannten Predigt vom 6. Mai 1526 sagt Luther fünfmal: „Sie sind zu töten." Allerdings muss erwähnt werden, dass der Kirchenpolitiker, Prediger und Seelsorger Martin Luther sich nicht als eifernder Hexenjäger hervortat. Doch zahlreiche lutherische Theologen, Prediger und Juristen beriefen sich später auf seine einschlägigen Aussagen. Bis heute finden sich im Kleinen Katechismus von Luther und im reformierten Heidelberger Katechismus Aussagen über Hexerei bzw. Zauberei.

Das Hexen-Einmaleins
Du musst verstehn!
Aus Eins mach Zehn,
und Zwei lass gehn
und Drei mach gleich –
so bist du reich!
Verlier die Vier!
Aus Fünf und Sechs –
so sagt die Hex –
mach Sieben und Acht:
Dann ist's vollbracht.
Und Neun ist Eins
und Zehn ist keins.
Das ist das Hexen-Einmaleins!

(Johann Wolfgang von Goethe)

„So also die Hexen, sobald sie sich mit ihren Salben eingerieben haben, auf Stöcken, Gabeln oder Holzscheiten zum Sabbath zu gehen, indem sie entweder einen Fuß darauf stützen und auch auf Besen oder Schilfrohren reiten, oder indem sie von entsprechenden Tieren, männlichen Ziegenböcken oder Hunden, getragen werden ..." Auf diese Weise beschreibt Martin Anton Delrio 1599 den Flug einer Hexe. Diese Buchmalerei aus dem 15. Jahrhundert aus „Le champius des dames" von Martin LeFranc ist die erste überlieferte Abbildung, die eine Hexe beim Ritt auf einem Hexenbesen zeigt.

Ein eng mit heidnischen Traditionen verknüpfter Aspekt ist die Darstellung von Hexen in Sagen und Märchen. Gerade die Steiermark kennt eine Vielzahl von Geschichten von Hexen und Hexern, meist in ihrer Rolle als übel wollende Zauberwesen und als Wettermacher. In Hintertober bei Fladnitz soll eine alte Hexe eine Wagenspeiche gemolken haben, nachdem der Bauer ihr einen Becher Milch verweigerte. Auch die Hexen, die sich auf dem Zeiritzkampel in der Leobener Gegend einfinden, verstehen sich aufs Wettermachen und können melken, was ihnen gerade einfällt.

Auch auf dem Schöckel treffen sich die Hexen zur Walpurgisnacht, um ihrem wilden Treiben nachzugehen. Eine Sage erzählt vom Wetterloch auf dem Schöckel, unter dem die Wohnung einer Hexe liegen soll. Wirft man dort Steine hinein, so wird die Bewohnerin zornig, und ein Unwetter zieht auf.

Die bekannteste Wettermacherin des Märchens ist wohl „Frau Holle", nichts anderes als eine Form der in Österreich und Deutschland beheimateten Holla, einer Erd- und Jahreszeitengöttin. Ihr Andenken lebt auch in den Geschichten der Frau Bercht weiter.

Femina saga – weise Frau – ist eine andere Umschreibung für die Hexe. Hexenärztinnen waren eine durchaus übliche Erscheinung im vorchristlichen Europa, lag doch die gesamte Medizin in verschiedenen heidnischen Kulturen in weiblicher Hand. Dass sich diese Traditionen bis ins Zeitalter der Hexenverfolgungen gehalten haben, ist Gegenstand verschiedenster historischer Quellen, und es gibt auch solche, die belegen, dass diese Hexenärztinnen, Hebammen und Kräuterfrauen zu den ersten Opfern des Wahns gehörten. Selbst als die Männer in dieses Gebiet vordrangen, blieben die Frauen ihre Lehrmeisterinnen, die ihre Kunst weitergaben. Geschah dies jedoch nicht freiwillig, so auf jeden Fall mit Hilfe der peinlichen Befragung. Ob es einen ursächlichen und kausalen Zusammenhang zwischen dem Wechsel im Ärztestand und der Verfolgung von Hexenärztinnen gibt, ist jedoch abermals in Frage zu stellen, auch wenn dies in manchen Abhandlungen über den Hexenwahn als Tatsache angenommen wird.

Das eigentliche Vergehen, das Hexen in jedem Fall zur Last gelegt wurde, war der Bund mit dem Teufel. In den Folterkammern beschrieben der Hexerei Verdächtige unzählige Begegnungen mit Luzifer, und dieser soll auch selbst in Tiergestalt bei den Hexentreffen anwesend gewesen sein. Dass es zur Zeit der Hexenverfolgungen tatsächlich Teufelskulte gab, lässt sich mit großer Sicherheit behaupten. So war beispielsweise eine Madame de Montespan zur Zeit König Ludwigs XIV. weithin als Hexe und Leiterin schwarzer Messen bekannt. Bemerkenswert ist jedoch, dass sich an schwarzen Messen Interessierte ihre Anleitungen häufig aus den Berichten aus den Folterkammern holten. Damit wird die Beweisführung in diesem Fall zum Paradoxon, stellt sich doch die fast unlösbare Frage, was zuerst da war. Beruhten die Schilderungen des peinlichen Verhörs tatsächlich auf realen Erfahrungen oder waren sie ein Teil dessen, was die Gefolterten sich einfallen ließen, um ihre Schmerzen zu verkürzen? In jedem Fall muss offen bleiben, ob die Jagd nach den Teufelsanbetern nicht erst die Grundlage für Nachahmer bot.

All diese verschiedenen Glaubensvorstellungen, Phantasien und Aberglauben haben sich im Lichte von totalitären Machtstrukturen und wirren religiösen Lehren zu einer gefährlichen Mischung entwickelt, die tausenden von Menschen das Leben kostete. Seit dem letzten Hexenprozess in der Steiermark sind nun gut 250 Jahre vergangen, und die lodernden Scheiterhaufen sind nicht mehr als eine immer stärker verblassende, nur mehr an Schauergeschichten gemahnende Erinnerung. Die historische und soziale Realität, die sich hinter den oft drastischen Schilderungen verbirgt, ist aber eine, die keineswegs so weit entfernt liegt, wie im ersten Moment anzunehmen. Die einstigen Schauplätze der tragischen Ereignisse sind heute zu den Herzstücken lebendiger und moderner Städte geworden, und die Düsterkeit der vergangenen Zeiten haben dem Lärm und der Geschäftigkeit des beginnenden dritten Jahrtausends Platz gemacht.

Pestilenz: Auf den Spuren des Schwarzen Todes

Wer an einem sonnigen Tag über den Leobener Hauptplatz wandert, der wird auf die Statuengruppe aufmerksam, die den Platz schmückt. Die kunstvoll gearbeiteten Figuren mit den Goldverzierungen stellen – auf den ersten Blick erkennbar – Heilige dar. In der Mitte ragt eine Säule empor, die die christliche Dreifaltigkeit zeigt. Erst bei genauerem Hinsehen wird offenbar, dass es sich dabei um die Erinnerung an eine sehr dunkle Zeit der steirischen Geschichte handelt. Die Epoche zwischen dem 14. und dem 18. Jahrhundert brachte die Bevölkerung der Grünen Mark durch eine Reihe von Plagen in eine schier aussichtslose Lage. So findet sich in einem Grazer Amtsbuch des 17. Jahrhunderts ein Reim, der die Stimmung der Zeit recht genau wiedergeben dürfte. Dort heißt es:

Auch in Breitenfeld an der Rittscheid suchten die Menschen Schutz und Hilfe vor der Pest. Diese Todesangst führte 1668 zur Gründung der „Todesangst-Christi-Bruderschaft".
Linke Seite: Das Landplagenbild am Grazer Dom, ein Fresko von Thomas von Villach, berichtet von der Zeit um 1485. Feindliche Armeen terrorisierten die Menschen, die Pest wütete und Heuschrecken verwüsteten ganze Landstriche.

Es ist nichts Lustiges mehr auf Erden,
Es will alles nur ärger werden.
Krieg, Hunger, Sterben, alle Plag,
Die häufen sich von Tag zu Tag.

Diese Beschreibung des aktuellen Geschehens scheint vom heutigen Standpunkt aus ein wenig polemisierend, versetzt man sich jedoch in die Lage der Menschen dieser Zeit, so wird der Pessimismus nur allzu verständlich. Das 17. Jahrhundert erlebte den traurigen Höhepunkt einer Entwicklung, die fast 300 Jahre zuvor begonnen hatte. Heuschreckenplagen und darauf folgende Missernten, kriegerische Auseinandersetzungen und die daraus resultierende Armut hatten das Land schwer gezeichnet – doch damit nicht genug: Eine rätselhafte Krankheit breitete sich schier unaufhaltsam in den Ländern Europas aus und löschte oft ganze Städte aus. Nichts und niemand schien dem qualvollen Sterben Einhalt gebieten zu können, weder Straßensperren noch geschlossene Stadttore konnten den tödlichen Hauch aufhalten.

Die „Wilde Hitz" oder der „Schwarze Tod" kostete tausenden und abertausenden Menschen in Österreich und den meisten Gegenden Europas das Leben, und es waren mehrere große Wellen, die die Länder in ihrem unerbittlichen Griff hielten. Das erste Auftauchen der Pest in der Steiermark dürfte ungefähr in das Jahr 1350 fallen, zumindest finden sich Hinweise auf das Auftreten der Plage in dieser Zeit. Das letzte Aufbäumen der Seuche fand zu Beginn des 18. Jahrhunderts statt, und es ist diese Zeit, aus der die meisten Pestkreuze und Säulen stammen, die für die Erlösung vom Schwarzen Tod Dank zollen.

Die Erkrankung verlief den Quellen nach immer ähnlich. Erst wurden die Opfer von schrecklichem Durst und Fieber befallen, erst später zeigten sich schwarze Beulen an verschiedenen Körperstellen. Dadurch, dass sichtbare Merkmale erst nach einigen Tagen deutlich wurden und die Infizierten nicht unverzüglich als solche erkannt werden konnten, war es unvermeidlich, dass die Krankheit sich so schnell ausbreiten konnte. Im 14. Jahrhundert wurde fast ein Drittel der Bevölkerung durch die Pest hinweggerafft.

Die „Erinnerung" an jene Krankheit hat sich so tief in unser Bewusstsein eingegraben, dass es auch heute noch Redewendungen in unserem Sprachgebrauch gibt, die sich auf die Seuche beziehen. Jemandem „die Pest an den Hals wünschen" bedeutet, einer Person nicht unbedingt wohl gesonnen zu sein.

Es mag auf den ersten Blick ein wenig bizarr erscheinen, sich in einem Buch über die mystische Steiermark Orten zu widmen, die ausgerechnet an eine todbringende Krankheit erinnern. Die zahlreichen Denkmäler aus der Pestzeit gewähren aber tiefen Einblick in den Glauben und das Erleben unserer Vorfahren.

Doch zurück zum Leobener Hauptplatz mit seinem Pestdenkmal. Sechs Heilige sind es, die überlebensgroß auf den Betrachter herabblicken. Die scheinbar bunte Mischung christlicher Märtyrer und Schutzpatrone ist jedoch keineswegs willkürlich gewählt: Rosalia, Franz Xaver, Sebastian, Rochus, Jakobus und Florian werden angerufen, um das Volk von der Wilden Hitz zu erlösen. Auf anderen Denkmälern in der Steiermark finden sich noch Katharina, Anton von Padua und Josef, wobei die Liste regional gefärbt ist. Natürlich ist heute bekannt, wie die verheerende Seuche übertragen und wodurch sie hervorgerufen wird. Die Menschen, die in jenen Jahrhunderten im abendländischen Kulturkreis lebten, hatten von diesem Wissen jedoch noch keine Ahnung, ein Wissen, das ihnen ihr Leben und ihre Gesundheit hätte bewahren können. Die Pest wurde als Strafe Gottes, als Gottesgeißel gesehen, und so blieb den Verzweifelten nichts anderes übrig, als himmlische Mächte in der Hoffnung auf Hilfe und Heilung anzurufen. Um sicherzustellen, dass ihr Flehen um Gnade erhört wurde, gingen die Leute so weit, einen regelrechten Handel mit den Heiligen abzuschließen, deren Hilfe man erbat. So wurde der hl. Franz Xaver zum Schutzpatron Leobens erkoren, und sein Namenstag am 3. Dezember wurde zum Feiertag erhoben. Man verehrte den Heiligen durch Fasten und Wallfahrten, unter anderem auch nach Mariazell, und wie das Pestdenkmal zeigt, wurde das Verschwinden des Schwarzen Todes ihm und den anderen Heiligen zugeschrieben. Das Pestkreuz auf dem Hauptplatz stammt aus dem frühen 18. Jahrhundert, wurde also kurz nach dem Abklingen der letzten Welle der Seuche errichtet.

Natürlich zögerte man auch nicht, noch höher stehende christliche Wesenheiten anzurufen und deren Fürsprache bei Gott zu erflehen. So zeigen viele Pestsäulen Darstellungen von Maria als der Himmelskönigin oder als Schutzmantelmadonna, deren Umhang Zuflucht vor verschiedenen Gefahren und Bedrängnissen bieten sollte. Wallfahrten zu Marienkirchen scheinen ebenfalls ein verzweifelter Versuch gewesen zu sein, den Beistand der Gottesmutter zu erbitten. Angesichts einer solch tödlichen Bedrohung blieb es jedoch keinesfalls bei Erklärungs- oder auch Rettungsversuchen, die den Lehren der Amtskirche folgten.

Nur wenige konnten die Zusammenhänge verstehen, die die Seuche erklären hätten können, und zum Teil fielen eben solche Heilkundige der Hexenverfolgung zum Opfer. Der Glaube daran, dass Medizin heilen könne, was von Gott gesandt wurde, vermochte sich nicht durchzusetzen. Ebenso wie die Ursache der Krankheit auf spirituellem Gebiet gesucht wurde, so auch deren Heilung, was aber teils eher zum Gegenteil der gewünschten Wirkung führte. In Breitenfeld bei Riegersburg beispielsweise starben im 17. Jahrhundert innerhalb eines einzigen Monats 130 Personen. Die Körper der Toten konnten nicht auf den Friedhof nach Riegersburg gebracht werden, sondern wurden außerhalb des Ortes begraben, dort, wo heute die Kirche steht. Um den Platz zu weihen, stellte man ein Christusbild auf, von dem man sich erzählte, es könne Wunder vollbringen. Das sprach sich schnell herum, bald kamen Pilger und Pilgerinnen aus der näheren und weiteren Umgebung, um Hilfe zu erflehen. Und wenige Zeit später wurde dort eine Kapelle mit einem Pestaltar errichtet. Gerade jene Scharen von Hilfesuchenden dürften es aber auch gewesen sein, die den Schwarzen Tod in der Region noch weiter verbreiteten, weil auch bereits Infizierte den Weg auf sich nahmen, um zu dem Gnadenbild zu beten.

Die Pestsäule am Hauptplatz von Leoben, errichtet im Jahr 1718, erinnert an die todbringende Epidemie.

Später wurde an dieser Stelle eine Wallfahrtskirche erbaut (1681–1698), im

18. Jahrhundert begann man dann auch mit der Errichtung einer Kalvarienberganlage, die bis ins 20. Jahrhundert kontinuierlich erweitert wurde. Die „Pfarrkirche zum Heiland“ kann auch heute noch besichtigt werden. Lag sie in vergangenen Jahrhunderten jedoch außerhalb des Ortgebietes, so hat das Dorf sie nun längst in seine Mitte genommen. Dass das Gotteshaus auf einem Massengrab errichtet wurde, ist heute weitgehend in Vergessenheit geraten, und es gibt auch keine Gedenktafel oder Ähnliches, die auf diesen Umstand aufmerksam machen würde. Dass der Ort nicht von allen als positiv erlebt wird, zeigt der Bericht einer Leibnitzerin, den wir hier freundlicherweise veröffentlichen dürfen.

Die Attribute des hl. Bartholomäus, einer der zwölf Apostel, sind seine Haut, die er wie einen Mantel über seinem Arm trägt, und ein Messer. Er heilte eine armenische Königstochter, was ihm zum Verhängnis wurde, da er deswegen bei lebendigem Leib getötet wurde. Wurde er in der schrecklichen Zeit, in der der Schwarze Tod in Breitenfeld wütete, auch als Pestheiliger angerufen?

Ich habe mal angefangen, Theologie zu studieren, und bin noch immer sehr an sakralen Darstellungen interessiert. So besuche ich auch immer wieder Kirchen, egal, wo ich gerade unterwegs bin, heute weniger aus religiösem Interesse, wie ich zugeben muss, als aus künstlerischem. Wir haben einen Ausflug auf die Riegersburg unternommen und wollten dann zu Mittag essen. Da hat es uns in diesen kleinen Ort verschlagen: Breitenfeld an der Rittschein. Wir haben ein kleines Dorfgasthaus gefunden, nicht weit von der Kirche. Von außen hat sie mir gut gefallen, vor allem die Mariensäule. Ich muss auch sagen, dass es drinnen eine sehr interessante Darstellung der Gottesmutter gibt, wo sie wie eine Kaiserin wirkt. Das hat mich für einige Zeit fasziniert, so dass mir die anderen Bilder in der Kirche nicht gleich aufgefallen sind. Zu sehen gibt es ja überaus viel, überladen ist da ein Hilfsausdruck. Die Pietà ist ziemlich blutig, aber das ist nicht selten. Mulmig geworden ist mir allerdings beim Hauptaltar, der sehr hoch aufragt. Ganz oben sieht man die Darstellung eines Heiligen, der ein Messer in der Hand hält. Die eigene Haut hat er über den Arm geworfen, das Gesicht wie ein Teil seines Gewandes. Dann bin ich zu einem Seitenaltar, wo es eine Statue gibt, die mir noch nie irgendwo aufgefallen ist. Ein Schwan, oder soll es eine Taube sein, beißt sich in der Herzgegend ins eigene Fleisch. Von dem Blut, das ihm herunterrinnt, trinken gierig drei Junge. Ich bin dann aus der Kirche gegangen, mir war wirklich ein bisschen schlecht. Bizarr und morbid sind die einzigen Worte, die mir einfallen, um diese Kirche zu beschreiben. Die Energie dort ist einfach schaurig.

(Christina, 26, Leibnitz)

Der Vogel, der sich selbst in die Brust hackt, um mit dem Blut seine Jungen zu ernähren, steht für die Opferbereitschaft und das Opfer, das Jesus für die Menschheit gebracht hat.

Als wesentlich und augenfällig erscheint die Tatsache, dass die Besucherin nicht wusste, auf welche Geschichte dieser Ort zurückblicken kann, nämlich dass es sich hier um einen einstigen Pestfriedhof handelt. Diskussionen, ob und wie es möglich sein kann, Ereignisse der Vergangenheit anhand der „Energie von Plätzen" zu erleben, werden zwar durchaus heißblütig geführt, endgültige Beweise lassen sich jedoch nicht erbringen. So überlassen wir es auch jenen, die sich aufmachen, den kleinen Ort in der Nähe von Riegersburg zu besuchen, sich über dessen Ausstrahlung ein Bild zu machen.

Eine andere Geschichte, die zeigt, mit welcher Angst und Verzweiflung die Menschen versuchten, mit der Wilden Hitz umzugehen, ist die des Klosters von St. Lambrecht. Um die Toten nicht berühren zu müssen, ging man zu Pestzeiten unter anderem darauf zurück, die Körper an Eisenhaken aus den Häusern zu ziehen und sie in den Pestgruben zu verscharren. Diese „Technik" wurde von einem Pater aus St. Lambrecht ersonnen, als die Gegend von der Epidemie heimgesucht wurde. Doch auch innerhalb der Klostermauern brach die Seuche aus, und die Legende besagt, dass Virgil Lang der Erste war, dessen Körper an eben einem dieser Haken aus der Zelle gezerrt wurde.

Aus heutiger Sicht fällt es schwer, sich vorzustellen, wie das Leben zu dieser Zeit ausgesehen haben mag – von Missernten verwüstete Landstriche, von feindlichen Armeen zer-

Stich „O Mirabiliter alate fulgori non absimilis ...“, Künstler unbekannt. In diesem Fundstück aus dem Steiermärkischen Landesarchiv ist unten rechts der Ankläger des Todes zu sehen, der als Attribut für die damalige Zeit, das Spätbarock, eine Perücke trägt. Er scheint vor einer großen Pforte zu stehen. Über dem Menschen schwebt in übermächtiger Größe der Abgesandte des Typus der schwarzen Engel – hier ein Engel des Todes mit der Sense (ein sphärischer Schnitter) auf der linken Schulter und einem geheimnisvollen Gefäß (eine Sanduhr oder eine Urne?) in der rechten Hand. Über ihm spannt sich ein Band mit den Tierkreiszeichen. Der Text ist im so genannten Barock-Latein gehalten, deshalb sehr anspruchsvoll zu übersetzen. Der vermutlich adelige Kläger erhebt im Angesicht des Todes seine Stimme zu einem doppeldeutigen, zahlenmystischen Monolog. Zum einen hinterfragt er den Ort und die Macht dieses Todes. Davon leitet er zum zweiten Aspekt über, zu einer von vielen, damals kurz nach 1700 im Schwange befindlichen Berechnungen des Weltalters bzw. Weltendes. In seiner mystischen Argumentation greift er zuletzt auch auf die Heiligen Schriften zurück. Im Hintergrund und zugleich in der Mitte des Bildes sieht man auf einer Anhöhe die Kirche „Maria Trost“, ein kleines Sinnbild der menschlichen Mitte.

Et mensura esse Suum elargior, et rursus non esse facio, corrumpiq; precipito. Et hoc falx mea praeaccuta indicat et manifestat, tempusq; et quod Secundum Philosophum, numerus prius et posterius numeratus / Vocor, quod nomen ab origine usq; ad excisionem orbis terrarum cumq; rerum fine anni 1722 ad annos 5922 usq; Secundum justam in Sacris litteris juste contentam meam calculationem complebo, Vix tamen ad 6000 protraham, ubi aetatem meam cum aeternitate commutabo, et hoc clepsydra connotat.

Calculatio temporis integre ex Sacris litteris deducta usq; ad natum Christi conficit, et componit annos quatuor mille ducentos.

Übersetzung:
Oh, wunderbarer geflügelter Blitz, nicht unähnlich einem schnellen, verjährten Greis! Halte ein! Erkläre vollständig und walle zu mir, wer denn du bist, weshalb der Schuldposten dir, und wie viel deiner Jahre Zahl, was die Sense auf der Schulter, was Zerbrochenes oder wenigstens Umgestürztes die Lebensuhr ankündigt? Du bist nicht von der irdischen Sphäre, der du mich in meinem Lebenslauf plötzlich hinabstürzen lassen kannst. Es ist so, weil ich es bin. Aber wer gibt dir die Macht und Fähigkeit? Ich gehe zu dem, der mein und dein Herr ist, mich und dich beherrschen kann. Ich weiß, warum ich jener sein will, der allen Kreaturen in der Zeit und der Messung der aussäende Auserwählte sei, aber ich kann es nicht umkehren, ich erbete den Verderber. Und diese Sense zeigt meinen Absturz an und manifestiert, das Zeitmaß, weshalb der Zweite Philosoph, die höherstehende Zahl und das spätere Bargeld. Ich werde gerufen, weil der Name von Anfang an in einem fort bis zur Auferstehung des Erdkreises wann immer das Ende der Geschichte des Jahres 1722 zu den Jahren 5922 in einem fort sei. Ich vollende die Zweite Gerechtigkeit in den Heiligen Schriften mit dem Recht meiner streitbaren Berechnung. Mit Mühe dennoch bis zu 6000 ans Licht gebracht, wo meine Lebenszeit sich mit der Ewigkeit vertauscht und diese Lebensuhr sich aufrichtet. Die Berechnung der Zeiten ist aus den Heiligen Schriften wieder aufzunehmen, abzuziehen und zusammenzuziehen auf viertausend zweihundert.

störte Städte und ein von der Pest gezeichnetes Europa. In der Kunstform des Totentanzes (La Danse Macabre) werden Angst und Verzweiflung der Menschen eindrucksvoll dargestellt. Der Tod als Grimmiger Schnitter bot den Bedrängten aber auch eine Form des Trostes – in seinem Tanz machte er nicht vor jenen Halt, die sonst vom Leben begünstigt waren. Vor der Wilden Hitz waren alle gleich, und weder Geld noch Stand vermochten vor der Sense des Schwarzen Todes zu bewahren. In der Hoffnung auf das Himmelreich wurden Kirchen und Klöster regelrecht von Bußwilligen belagert. Ob die vermummten und schwarz gekleideten Priester, die den Trost Suchenden Hostien auf langstieligen Pestlöffeln reichten, tatsächlich fähig waren, diesen zu spenden, bleibt der Spekulation überlassen. Jenes Szenario ist eines, das auf keine bestimmte Region beschränkt war: egal ob Nord- oder Südsteiermark, Leoben oder Graz, Westen oder Osten. Dies erklärt auch, dass es ähnliche Sagen sind, die unheimliche Begegnungen mit der Pest in der einen oder anderen symbolischen Form erzählen.

In Graz kennt man die Sage eines schwarzen Hundes, der sich in der heutigen Schörgelgasse gezeigt haben soll, wo sich zu Zeiten der Seuche der Pestfriedhof befand. Als eine Gruppe von Wäscherinnen zum Bach gehen wollte, versperrte das unheimliche Tier ihnen den Weg und zwang sie, eine andere Route zu nehmen. Auch in der Gegend von Neuberg in der Obersteiermark soll eine schwarze Katze oder ein schwarzer Hund eine der Geisterscheinungen sein, die beim ohnehin nicht geheuren Pestkreuz zwischen Neuberg und Kapellen gesehen worden sein sollen. Mitten auf der Straße sollen sich die Spukgestalten in der Nähe des Steinbruches gezeigt und mit glühenden Augen jene angestarrt haben, die sich dem gruseligen Ort näherten. Wenn man ihnen mutig entgegentrat, dann verschwanden sie spurlos.

Es sind aber auch Spukgestalten in der steirischen Sagenwelt zu finden, bei denen es sich um Personifizierungen der Seuche selbst handeln dürfte. Das Pestweib und viel seltener der Pestmann werden als durch das Land Reisende dargestellt, die von den Menschen klar und deutlich wahrgenommen werden können. Eine weitere Sage, ebenfalls aus der Gegend um Graz, erzählt, dass ein Knecht dem Pestweib tatsächlich begegnet sein soll. Als hässliches altes Weib in schwarzen Fetzen wird die Gestalt beschrieben, die wie eine Bettlerin ausgesehen haben soll. Der Knecht erlaubte ihr, auf dem Heuwagen mitzufahren, woraufhin sie ihm ihre Identität enthüllte und ihm prophezeite, er werde von der Pest verschont bleiben, während alle anderen dem Tod geweiht seien – diese Prophezeiung ging in Erfüllung.

Die Sage zeigt, dass es eine ohnehin als Außenseiter abgestempelte Gruppe war, die zur Personifizierung der Pest herangezogen wurde. Landstreicher oder umherziehende Bettler gehörten sowieso schon zu den Opfern der Hexenverfolgungen, hatten sie doch keine Möglichkeit, sich von den gegen sie erhobenen Anklagen freizukaufen. Die Darstellung des Pestweibes als Bettlerin lässt erahnen, dass die Aufnahme

der Vagabunden oft nicht besonders herzlich ausgefallen sein dürfte.
Rigorose Vorgehensweisen mit dem Ziel, die Krankheit an der Verbreitung zu hindern, dürften die Menschen in betroffenen Gebieten nicht selten zur Flucht verleitet haben. Durch bereits Infizierte, die sich unter den Flüchtlingen befanden, wurde damit jedoch genau das Gegenteil erreicht: Die Seuche wurde dadurch in andere Gegenden eingeschleppt.
Jene Kombination aus Angst und der Abstempelung von Sündenböcken für das eigene Unglück geschieht in der Geschichte – wie bereits erwähnt – weder zum ersten noch zum letzten Mal. Damit kann eine Wanderung auf den Spuren der Pest auch zu einer nicht immer angenehmen Seelenschau werden, führt sie doch in mehr als einer Hinsicht in menschliche Abgründe und zeigt die Schattenseiten der Psyche.
Die hier genannten Orte sind nur einige von vielen, die mit Pestkreuzen, Altären und Friedhöfen mit Seuchenopfern aufzuwarten haben, und es lohnt sich, die Ansässigen zu fragen, welche Geschichten in der Gegend über die Wilde Hitz erzählt werden. Ob Pestweib, Wunderbild, brennendes Mühlrad oder schwarzer Hund – sie alle sind gute Führer auf einer Reise, die zu einer Zeit führt, in der „nichts Lustiges mehr ist auf Erden" und der Partner beim Tanz nicht selten der Tod selbst ist.

Es spukt: Geistermessen

Linke Seite: Die Steiermark und ihre vielfältige Landschaft bietet viel Raum für Irrationales und Übersinnliches.

Es spukt. Es ist nicht geheuer. Es geistert. Es geht unheimlich zu. All diese Ausdrücke versuchen, ein Phänomen zu beschreiben, das sich bis heute oft jeglichen wissenschaftlichen Erklärungsversuchen entzieht.

Hier sind es seltsame Lichterscheinungen, die nicht von einer natürlichen Quelle kommen können, dort hallen Stimmen durch verlassene Mauern, doch auch bei mehrmaligem Nachsehen lässt sich niemand finden, von dem sie stammen könnten. Anderswo geht es noch handfester zur Sache, wenn nämlich verschiedene Menschen unabhängig voneinander dieselbe Gestalt gesehen haben wollen, die so eindeutig nicht in unsere Zeit gehört. Manchmal wird aber auch einfach nur von einem „unguten Gefühl" berichtet – eben dieser Empfindung, dass etwas nicht geheuer ist.

Gerade heute, wo es an der Oberfläche so wenig Raum für das Irrationale und Übersinnliche gibt, scheinen Menschen umso mehr davon angezogen zu werden. Waren Geistergeschichten lange Zeit etwas, das auf englische Landgüter oder schottische Burgen verbannt wurde, so hat sich heute die Wahrnehmung gewandelt, was wohl nicht zuletzt an dem neu entstandenen Interesse am Paranormalen, aber vordringlich auch an dessen möglicher Vermarktung liegt. Wäre noch vor wenigen Jahrzehnten das Auftischen von Spukgeschichten wohl etwas gewesen, das belächelt worden wäre, so haben findige Marketing-Strategen vor allem im Tourismusbereich nun festgestellt, dass für ihre Sparte nicht nur Sex den Verkauf ankurbelt. Auch Geister tun es. So finden sich in Broschüren oft augenzwinkernde Berichte von übersinnlichen Besuchern und Besucherinnen; keine Burg, kein altes Haus scheint tatsächlich nur von heutigen Zeitgenossen bewohnt – glaubt man den blumigen Beschreibungen. Geisterwanderungen, Geisterführungen oder Geisterdinner sind heute auch in Österreich keine Seltenheit mehr, und vor einigen Jahren fand in der steirischen Landeshauptstadt zum ersten Mal statt, was sich sonst nur in der englischen Hauptstadt vermuten ließe: der Ghost Walk of Graz.

Inwieweit irgendeine der dort zum Besten gegebenen Erzählungen auch nur ein Fünkchen Wahrheit beinhaltet, lässt sich naturgemäß nicht feststellen. Eines ist jedoch unleugbar

und macht wohl auch die Popularität der Veranstaltung aus: Unterhaltsam ist es allemal.
Das wachsende Interesse an Besuchen aus der Anderswelt hat auch zur Folge, dass zu diesem Thema immer mehr publiziert wird. An Geschichten über Geister mangelt es auch in unseren Breitengraden nicht, und es zeigt sich, dass sie weder an Unterhaltungswert noch an Dramatik jenen unserer geisterprobten englischen und schottischen EU-Mitbürger nachstehen.
Selbst wenn man sich als jemand begreift, den Paranormales nicht besonders interessiert, gewähren Spukgeschichten zumindest einen lustvollen Einblick in die Geschichte eines Ortes. So vielfältig die Besuchertruppe aus dem Jenseits auch sein mag, so begegnen wir einigen Gestalten und Motiven doch immer wieder.

Geistermessen: Im Banne der Toten

Besonders schaurig ist es, wenn ein heiliger Ort, der eigentlich Sicherheit verheißt, zum Schauplatz gespenstischen Treibens wird. Dies ist bei einer Kirche in der Nähe von Knittelfeld der Fall, die sich auf einem Friedhof befindet. St. Johann im Felde liegt in einer Gegend, die in der Vergangenheit Schauplatz unheimlicher Begebenheiten war. Dichter Nebel soll die Gläubigen auf dem Weg zu dem kleinen Gotteshaus in die Irre geführt haben, und obwohl sie nur wenige Schritte von der Kirche entfernt waren, so konnten sie doch den Weg nicht finden.
Eines Tages soll dann eine alte Frau aus Knittelfeld irrtümlich zur Geisterstunde zur Kirche gegangen sein, weil sie glaubte, die Frühmesse müsse bald anfangen. Der Altarraum lag in seltsamem Dämmerlicht, und ein fremder Pfarrer machte sich gerade daran, mit der Messe zu beginnen. Die Greisin fand einen Platz und vertiefte sich in die Andacht, so dass ihr die seltsam altmodische Kleidung der anderen Gottesfürchtigen nicht auffiel. Erst als der Gottesdienst vorüber war, entdeckte sie eine alte Jugendfreundin, die jedoch bereits vor Jahren das Zeitliche gesegnet hatte. Von Grauen erfasst, floh die Frau aus der Kirche, und als die Tür hinter ihr zuschlug, war das Innere des Gebäudes plötzlich in völlige Finsternis getaucht. Körperlose Gestalten glitten an ihr vorüber und verschwanden in der Dunkelheit, wobei die Turmuhr die erste Stunde nach Mitternacht schlug. Die von Panik Erfasste schaffte es zwar gerade noch nach Hause, wurde aber bereits am nächsten Morgen krank im Bett vorgefunden und verstarb bald darauf. Ihr Körper wurde auf jenem Friedhof beigesetzt, an dem sich das unheimliche Geschehen ereignet hatte.
Die Sage von der Mitternachtsmesse oder der Geistermesse findet sich in einer beträchtlichen Anzahl von Orten in Österreich und Deutschland. Auch in der Steiermark erzählt man sich dieselbe Geschichte unter anderem auch noch in St. Ruprecht, in Eibiswald, Kirchberg an der Raab und in St. Anna. Die Erzählungen variieren leicht, gewisse Motive bleiben jedoch unverändert. Die Geister, die der Messe beiwohnen, sind immer in altertümliche Gewänder gekleidet, und es befindet sich auch stets eine bekannte, verstorbene Person unter ihnen, die verrät, dass

es sich nicht um eine gewöhnliche Andacht handeln kann. Manchmal greifen diese befreundeten Verstorbenen helfend ein und retten damit die Lebenden. Wer jedoch bis zum Ende der Messe bleibt, der ist dem Tod geweiht, wie im Fall der alten Frau aus Knittelfeld. In einer anderen Version wendet sich die verstorbene Freundin an die entsetzte Besucherin und befiehlt ihr, ein Kleidungsstück in der Kirche zurückzulassen und so schnell wie möglich das Weite zu suchen. Am nächsten Morgen wird die Jacke völlig zerfetzt und blutverschmiert im Altarraum gefunden. Die Geister hatten sich damit zufrieden gegeben, den Stoff in kleine Stücke zu reißen, den Menschen jedoch zu verschonen.

Angst vor der Rückkehr Verstorbener ist so alt wie die Menschheit. Ob im alten Ägypten oder im antiken Rom – Legenden und Sagen über die „Wiederkehrer" gibt es viele. Manchmal treten sie in „geschlossener Gesellschaft" zur Geisterstunde oder zu bestimmten Festtagen auf und lesen in der Kirche Messen oder tanzen auf den Gräbern.

Warum die Toten sich zu solchen Messen versammeln oder ob sie auf Erlösung warten, verraten die Erzählungen nicht. Die Häufigkeit, mit der sie zu finden sind, macht die Sagen aber zu einem gruseligen Bestandteil unseres Geschichtenschatzes.

Wie stark der Glaube an die Macht von Mitternachtsmessen verbreitet war, zeigt eine Begebenheit, die sich bei St. Johann und Paul in Graz zugetragen haben soll. In der Hoffnung, den Teufel beschwören und diesem das Wissen um verborgene Kostbarkeiten abringen zu können, versammelte sich eine Gruppe von Schatzjägern unter der Leitung von zwei Geistlichen in der entlegenen Kirche. Nach einem missglückten Versuch, bei dem der Pfarrer nach einem unheimlichen Geräusch beinahe die Besinnung verlor, wurde ein weiterer Priester gefunden, der bereit war, ein lateinisches Beschwörungsgebet zu lesen, von dem man sich mehr Erfolg versprach. Der Bocksfüßige zeigte sich jedoch auch diesmal nicht, genauso wenig wie bei den nächsten fünf Versuchen. Der Geistliche hätte zwar bis zur neunten Messe durchgehalten, seine Anhängerschaft jedoch verlor das Interesse.

Anhang

Literaturliste

Bauer, Wolfgang, Dümotz, Irmtraud und Golowin, Sergius: Lexikon der Symbole. Mythen, Symbole und Zeichen in Kultur, Religion, Kunst und Alltag. München: Heyne 1987.

Bichl, Andreas und Reisinger, Brigitte: Archäologie erleben in der Steiermark. Graz: Steirische Verlagsgesellschaft 2004.

Bieberger, Christof, Gruber, Alexandra, Herberstein, Johannes und Hasmann, Gabriele: Geisterschlösser in Österreich. Spuk hinter herrschaftlichen Mauern. Wien: Ueberreuter 2004.

Borrmann, Norbert: Lexikon der Monster, Geister und Dämonen. Köln: Parkland Verlag 2001.

Brauner, Franz: Steirische Heimathefte. Was die Heimat erzählt. Heft 1–12. Graz: Leykam 1951.

Brueton, Diana: Der Mond. Mythos und Magie, Fakten und Phantasie über einen himmlischen Körper. München: Heyne 1991.

Clarus, Ingeborg: Keltische Mythen. Der Mensch und seine Anderswelt. Olten: Walter-Verlag 1991.

Czerny, Christine: Magisch reisen. Österreich. Lebendiges Brauchtum und alte Kultplätze. München: Goldmann 1992.

Eliade, Mircea: Die Schöpfungsmythen. Düsseldorf und Zürich: Patmos/Benzinger 1994.

Friedl, Inge: Kinder entdecken die Steiermark. Ein Erlebnisführer durch die Steiermark. Wien–Graz: Styria Pichler 2004.

Früh, Sigrid (Hrsg.): Die Frau, die auszog, ihren Mann zu erlösen. Märchen der Welt. Frankfurt am Main: Fischer 1992.

Gaube, Karin und von Pechmann, Alexander: Magie, Matriarchat und Marienkult. Reinbek bei Hamburg: Rowohlt 1986.

Golowin, Sergius: Die weisen Frauen. Die Hexen und ihr Heilwissen. Basel: Goldmann/Sphinx 1982.

Gran, Anton: Ulrichsbrunn um 1850. In: Echo Graz-Nord 3/2000.

Graves, Robert: The Greek Myths: 2. London: Penguin 1955.

Greenwood, Susan: Hexen im Mittelalter. Reichelsheim: Edition XXL 2003.

Guggenberger, Eduard: Kelten Krieger Kulte. Österreichs Urvölker von den Rätern bis zu den Slawen. Wien: Ueberreuter 2004.

Haffner, Alfred (Hrsg.): Heiligtümer und Opferkulte der Kelten. Hamburg: Nikol 1995.

Hansmann, Liselotte und Kriss-Rettenbeck, Lenz: Amulett. Magie. Talisman. Hamburg: Nikol 1999.

Harvey, Andrew und Baring, Anne: The Divine Feminine. Exploring the feminine face of god throughout the world. Berkeley: Godsfield Press 1996.

Hasitschka, Josef: Der Bergsteigerfriedhof in Johnsbach. Johnsbach–Gröbming: Wallig 1997.

Hirsch, Siegrid und Ruzicka, Wolf: Heilige Quellen Steiermark Kärnten. Linz: Freya Verlag 2004.

Kaindl, Heimo (Hrsg.): Zwischen Ehrfurcht und Schauer. Reliquienkult gestern und heute. Graz: Verlag Diözesanmuseum 2005.

Kaiser, Gert: Der tanzende Tod. Mittelalterliche Totentänze. Frankfurt am Main: Insel Verlag 1982.

Kusch, Heinrich und Ingrid: Höhlen der Steiermark: Phantastische Welten. Graz: Steirische Verlagsgesellschaft 1998.

Kusch, Heinrich und Ingrid: Kulthöhlen in Europa: Götter, Geister und Dämonen. Graz–Wien–Köln: Styria 2001.

Magli, Ida: Die Madonna. Die Entstehung eines weiblichen Idols aus der männlichen Phantasie. München: Piper 1990.

Müller, Felix und Müller, Ulrich: Percht und Krampus, Kramperl und Schiach-Perchten. In: Müller, Ulrich und Wunderlich, Werner (Hrsg.): Mittelalter-Mythen 2. Dämonen-Monster-Fabelwesen. St. Gallen: 1999, S. 449–460.

Neuhold, Manfred: Mythen, Kräfte, Phänomene. Kultplätze in der Steiermark. Graz: Steirische Verlagsgesellschaft 1998.

Pirchegger, Hans: Geschichte der Steiermark. Graz: Leykam 1996.

Reiter, Annemarie (Hrsg.): Grazer Sagen und Geschichten. Graz–Wien–Köln: Styria 1996.

Rohregger, Georg: Die Kelten in Österreich. Auf den Spuren unseres versteckten Erbes. Wien: Pichler 2003.

Sann, Hans von der: Sagen aus der Grünen Mark. Graz: Leykam 1911.

Schleich, Johann: Heilende Wasser. Heilbründl, Heilquellen und Thermen in der Oststeiermark. Graz–Wien–Köln: Styria 1997.

Schleich, Johann: Hexen, Zauberer und Teufelskult in Österreich. Graz: Steirische Verlagsgesellschaft 1999.

Sebald, Hans: Hexen damals – und heute? Frankfurt am Main–Berlin: Ullstein 1990.

Stöber, Otto und Biedermann, Hans: Der Drudenfuß. Auf den Spuren eines geheimnisvollen Zeichens. Wien-München: Jugend und Volk 1990.
Terhart, Franjo: Weise Frauen und magische Kulte. Berlin: Ullstein 1999.
Tomaschek, Johann: Stiftsbibliothek Admont. Ried im Innkreis: Hofstetter Kunstverlag 2003.
Geramb, Viktor von (Hrsg.): Kinder- und Hausmärchen aus der Steiermark. Graz: Leykam 1941.
Walker, Barbara: Das geheime Wissen der Frauen. München: Deutscher Taschenbuch Verlag 1995.
Wolf, Hans-Jürgen: Hexenwahn. Hexen in Geschichte und Gegenwart. Bindlach: Gondrom 1994.

Bildnachweis

Peter Stelzl (aus: Lahnwaberl, Pest und Koralmgeister, 2001): S. 14
Lorber Verlag, Bietingheim-Bissingen S. 19
Archiv Ingenium Verlag S. 21, 43, 63, 104, 120, 146
Steiermärkisches Landesarchiv, Graz S. 22, 39, 94, 105, 158; 170-171
Archiv Styria Verlag, Graz: S. 29
St. George and the Dragon, National Gallery, London. Paolo Uccello, Paolo di Dono, known as. Bridgeman/Alinari Archives: S. 40
Othmar Hesch: S. 81
Kurt Roth: S. 85, 113
Steiermärkische Landesbibliothek, Graz: S. 98, 159
Stift Admont: S. 116
Lichtenstein'sche Gewerbebetriebe, Riegersburg: S. 141
Bibliothèque Nationale de France: S. 162
Umschlagbilder und alle übrigen Fotos sind Originalaufnahmen von Toni Anzenberger.

Autoren und Verlag bedanken sich für die freundlichen Abdruckgenehmigungen. Die Rechtslage bezüglich der reproduzierten Bildvorlagen wurde - soweit möglich - sorgfältig geprüft; eventuell berechtigte Ansprüche werden bei Nachweis vom Verlag in angemessener Weise abgegolten.